개성공단에서 십일 년

　　이 책은 존경하는 친구 김주윤 목사가 11년 동안 북한의 '개성공단'에서 일한 보고서이자 회고록이다. 그의 나이 50세, 사회적 기득권을 유지하며 안주하고 싶은 나이에, 부활하신 예수를 유대의 변방지역 갈릴리에서 만난 신약성경의 여성들처럼, 그는 한국의 변방지역 갈릴리로 인식된 개성공단으로 들어갔다. 딱 3개월만 봉사하려고 했었는데, 11년 동안 그곳에서 사역했다. 개성공단에 있는 병원에서 일했고 또 교회를 설립하고 섬겼다.

　　이 책은 개성공단이라는 '작은 창문'을 통하여 북한 전역을 들여다보게 한다. 현재 공장가동이 전면 중단된 개성공단은 100만평 부지에 123개의 남한기업이 입주해 있었다고 한다. 이곳에서 일한 남한 주재원이 약 850명, 북한 근로자가 약 54,000명이었다고 한다.

　　남한 사람들은 북한의 실상을 전혀 알 수가 없었다. 그들이 사는 집, 입는 옷, 먹는 음식, 사회 구조와 체제에 관하여는, 가끔 대중 매체를 보고 들으며 어림짐작하지만, 구체적인 실상은 알지 못했다. 북한은 보고 싶어도 볼 수 없고, 가고 싶어도 갈 수 없으며, 알고 싶어도 도무지 알 수가 없으므로 —지리적으로 바로 곁에 있지만— 너무나 멀고도 먼 나라였다. 남한과 북한은 같은 민족이건만 6.25전쟁(1950–53년)과 더불어 분단이 고착된 이후 서로 대립하고 충돌해왔다. 치열한 체제경쟁과 갈등으로 채워진 70여년의 남북한 관계였다.

김주윤 목사는 분단의 두꺼운 장벽을 뚫고서 개성공단으로 들어갔다. 그는 북한 사람들 틈에서 살면서, 때로는 구경꾼이 되어 그들을 물끄러미 바라보고, 때로는 그들의 이웃이 되어 조심스럽게 왕래하며 살았다. 그러면서 북한 사람의 일상생활, 명절과 풍습, 사회질서, 경제체제 등을 몸소 '삶으로' 겪었다. 이제는 그 경험, 곧 11년의 개성공단 생활을 낱낱이 증언하고자 한다. 순간순간 기록한 '일기'가 증언의 바탕이 되었다. 이런 점에서 이 책은 북한의 실상을 구체적으로 낱낱이 소개하는 첫 증언록이라고 볼 수 있다.

지은이는 북한 개성 사람들과 '인간 대 인간'의 만남으로 일관했다. 그렇지만 70년 분단의 장벽을 극복해내지 못하는 한계상황 속에서 '외로움, 무료함, 답답함'을 참고 또 참아내야 했다. 북한의 최고지도자가 종교적 숭배대상이 된 점에서는 '저들이 정말 우리(남한)의 형제요 동포일까?'라는 회의마저 들었다고 한다. 그러면서 '북한의 필요에 따라 남북한의 교류'가 가시적으로 성사되는 현장을 목도했다. 그래서 지은이는 개성공단이 '남북화해의 상징적 장소'이며 '통일의 연습장이고 훈련장'이었다고 정리한다. 북한 사람이 비록 '가까이 하기엔 너무나 먼 당신'인 점을 체험했지만, 이 점 때문에 통일의 꿈이 결코 포기되어서는 안 되고 또 포기될 수도 없다고 지은이는 호소한다.

지은이가 목사로서 11년의 개성생활을 회고하기를, 개성공단에 교회가 설립되었지만 교회건물에 현판을 달 수 없고 십자가도 내걸 수 없기에 교회활동을 외부로 드러내어 적극 전도할 수는 없었다고 한다. 그러나 이 교회에서 정기적으로 예배드린 사실이 '북한 선교의 돌파구'라고 확신한다. 그런 점에서 개성공단의 교회는 '통일의 교두보요, 전진기지'가 되어야 하는 '트로이 목마'라고 지은이는 주장한다.

김주윤 목사는 땅에 임하는 하나님 나라의 일꾼으로서 갈릴리-개성공단으로 다시 돌아가기를 간절히 기도하면서 이 책을 지었다. 때가 이르면, 그의 기도가 실현되기를 기원한다.

임희국 (장로회신학대학 교수)

누가 밀었어?

내가 제일 싫어하고 괴로워하는 질문이 있다. "어떻게 목사가 되었습니까?"라는 질문이다. 그런 질문을 받을 때마다 시중에 잘 알려진 이야기를 한다. "어떤 사람이 물에 빠진 사람을 건져내었다. 모두가 잘했다고 박수치고 취재진이 몰려들었다. '모두 주저하는데 어떻게 용감하게 들어가 건져내었습니까?'라고 묻자, 대답은 하지 않고 두리번거리며 소리친다. '누가 나를 밀었어?'"

그렇다. 나도 누군가에 떠밀려 내친김에 목회를 하고 있다. 개성공단에서 내려오면 모두가 똑같은 질문을 한다. "목사님, 어떻게 그 위험한 곳에 가서 사역할 생각을 하셨습니까?" 사실 생각을 한 적도 계획한 적도 없다. 어느 날 제안을 받고 그냥 들어갔다. 처음에는 3개월 자원봉사하면 된다고 해서 들어갔다. 그리고 어쩌다 11년 동안이나 있었다. 병원에서 봉사했고 개성교회를 섬겼다. 그러다 또 누군가에 떠밀려 남한으로 할 수 없이 무기력하게 내려왔다.

나는 그런 목사다. 주변에 성실하게 모범적으로 목회하는 동료들을 보면 한없이 작아진다. 주눅이 든다고 해야 옳다. 그리고 끊임없는 질문을 해댄다. '나의 이름이 하나님의 명단에 있기는 한가? 혹시 명단에도 없는데 잠결에 잘못 듣고 온 것은 아닌가?' 이런 넋두리를 가까운 친구들에게 하면 "명단에는 있지만 이상한 목사들이 많은데 명단에도 없는 사람이 그 정도 하면 괜찮지. 나중에 주님 앞에 서면 칭찬 받을 걸"라고 한다. 괜히 위로하느라고 하는 소리라는 것을 알면서도 기분이 나쁘지는 않다.

그렇다고 아무 생각 없이 목사가 된 것은 아니다. 자은도 섬마을 입구에서 친구와 놀고 있을 때 교회 목사님의 손에 이끌려 유치부 때부터 신앙생활을 했다. 고등학교 시절에는 기독학생회 회장을 하면서 전국적인 활동도 했다. 그러나 체험적인 신앙은 없었다. 대학교 졸업을 앞두고 진로를 걱정하고 있을 때 신학교를 다니다가 편입한 친구가 신학교로 돌아갈까 아니면 취직을 할까 고민하다 나하고 함께 기도원을 가자고 제안했다. 그러마하고 기도원에 갔더니 그 친구는 오지 않았다. 나는 내친김에 소위 소나무 뿌리를 뽑는 기도를 하다가 성령체험을 하게 되었다. 눈물, 콧물을 흘리며 회개하고 방언을 체험하게 되었다. 그리고 많은 사람들 앞에서 하나님만을 위해서 헌신하겠노라고 서원하였다.

목사가 된 후에는 거창고등학교 설립자의 철학을 공유하였다. "중앙으로 가지 말고 변두리로 가라. 성공가능성이 없는 곳으로 가라. 가족들이 반대하는 곳이면 무조건 가라." 이것이 예수님의 정신이라고 믿었기 때문이다. 그래서 담임 목회 교회를 그런 곳으로 정해서 갔다. 가족은 물론 주변의 모든 사람들이 반대하는 성장가능성이 전혀 없는 교회로 갔다. 그러나 현실은 이상과 차이가 엄청나다는 것을 가르쳐 주었다. 실제 목회를 하니 쉽지 않았다. 내 자신의 한계를 느꼈다. 아니 목회자로서의 자질에 대해서도 회의를 느끼기 시작했다. 그리고 부족한 모습으로 십년 동안 사역하다 보니 나 때문에 상처를 받는 교인도 생겼다. 그래서 목회를 그만 두었다.

이때 나의 기도제목이 50세에 새로운 출발을 하게 해달라는 것이었다. 왜냐하면 기득권을 유지하며 안주하는 나이이기 때문에 과감하게 떠나야 한다는 지인목사의 철학에 공감하고 있었기 때문이다. 아무 대책 없이 가족은 남겨두고 오키나와에 있는 여동생 집으로 갔다. 거기서 농사를 돕고 현지대학에서 일본어를 배웠다. 그러다 한국에 잠깐 나왔는데 개성공단에 병원이 생겼는데 그 곳에서 봉사할 목사를 찾는다고 친구목사에게서 전화가 왔다. 바로 이것이 새로운 출발이라고 여겨 아무 생각 없이 들어갔다.

나는 이렇게 살아왔다. 남에게 떠밀리듯이 간다. 내친김에 사역을 한다. 그리고 이제와 생각하니 그것이 하나님의 인도하심이라고 고백한다. 경험 이전에 고백을 한 적은 없다. 언제나 경험 이후의 고백이다. 개성공단의 사역도 그렇다. 그냥 있었던 것이다. 그러다 개성공단이 문을 닫는 바람에 나의 의지와는 상관없이 내려왔다. 그러나 이 모두가 하나님의 인도하심이라고 감히 믿는다. "모험이 우리를 선택하는 것이지 우리가 모험을 선택하는 것이 아니다"라는 체스터턴(G. K. Chesterton)의 말이 와 닿는다. 결국 누군가에 의해 등 떠밀려 사는 것이라는 고백이다. 신앙적으로 말하면 하나님의 인도하심, 또는 성령께서 몰아 부치는 것이다. 그동안 북한에서 알면 사역에 어려움이 있을까봐 감히 정체를 드러내지 못했다. 지금 개성공단이 전면 가동중단이 되었다. 그럼에도 소망의 끈을 놓지 않고 기도하고 있는데, 후배 목사가 강력히 도발했다. "형님, 이제 커밍아웃하세요. 그리고 이곳에서 할 일을 하세요." 큰 도전이 되었다. 그래서 용기를 내었다. 개성공단에서 만난 사람들, 그리고 보고 들은 이야기를 있는 그대로 전하려고 한다. 이것조차도 하나님의 인도하심이라고 믿기 때문이다. 이 글을 읽으면서 가슴에 다가오고 눈이 번쩍 열리는 구절이 하나라도 있다면 '아, 내가 이 책 쓰길 잘했구나'라고 하며 기뻐할 것이다.

개성공단에서 철수하고 복귀를 갈망하고 있는 목사가

contents

북한
선교
이야기

개 성 공 단 에서 십일 년

김 주 윤 지음

▶ 개성공단 주변의 작은 마을

뿔 달렸습니까?

개성공단

밤잠을 설친 채 전화벨 소리와 함께 아침을 맞이했다. 어머니의 울먹이는 소리의 전화는 내 마음을 더욱 무겁게 했다. 아침을 먹는 둥 마는 둥하고 동생과 함께 예약해 둔 택시를 타고 광화문에 있는 개성공단 사무실에 도착했다.

일단의 사람들과 함께 개성공단으로 향했다. 도라산 출입사무소에서 수속을 마치고 수 십대의 차량과 함께 군사분계선을 넘어갔다. 눈앞에 펼쳐지는 광경이 가슴을 무겁게 했다. 이미 중국 국경을 통해 또는 금강산 관광으로 북한을 본 적이 있지만 이전과는 감회가 전혀 달랐다. 지금은 일하기 위해서 들어가고 있기 때문이다. 통일교육시 화면을 통해 본 것과 실제로 보는 개성공단의 모습은 전혀 달랐다. '이곳이 남북이 하나로 이어지는 역사의 현장이구나!' 라는 생각에 가슴이 벅차올랐다. 동시에 앞으로 해야 할 사역에 대한 일말의 불안감이 몰려오기 시작했다.

앞으로 사역할 '그린 닥터스 개성병원' 글자가 눈앞에 다가왔다. 들어가니 직원들이 반갑게 맞이했다. 병원직원의 안내로 공단 곳곳을 돌아보았다. 그리고 여러 사람들과 인사를 나누었다. 신원공장, 토지공사, 그리고 관리위원회 사람들이 반갑게 맞이해 주었다. 바로 이곳에서 새로운 인생과 사역을 창조하리라고 굳게 마음먹었다. 그리고 강하고 담대하게 해달라고 기도했다.

관리위원회 사무실에서 회선이 하나 뿐인 전화를 신청해서 남한의 가족들에게 무사히 도착했다고 알리니 뜻밖의 전화에 놀라며 기뻐했다. 가족 모두 함께하는 그날을 기도하며 첫날밤을 맞이했다.

개성시

개성공단 관리총국이 남한 대표 70여명을 개성 시에 있는 자남산 여관으로 초대하였다. 나도 그 중의 한 사람이었다. 가는 중에 펼쳐진 광경은 가슴을 아프게 했다. 개성 시내로 들어섰지만 자동차라곤 거의 볼 수 없었다. 자전거 또는 도보로 이동하는 사람들만 있었다. 60년대 트럭으로 보이는 차가 연탄을 싣고 가고 있었다. 연탄 위에는 사람들이 위험스럽게 타고 있었다. 경운기처럼 시동을 거는 트럭이다. 심지어 나무를 연료로 하는 목탄차도 다니고 있었다. 주택은 대부분 아파트 스타일이다. 길가에는 20층 높이의 고층 아파트도 보였다. '엘리베이터는 있을까? 수도 공급은 제대로 되는가?' 집안 구조는 물론 살림살이는 어떨지 궁금하기만 하였다.

개성 사람들

초기에 북한 사람들과 관계는 아주 좋았다. 남북 모두 금방이라도 통일이 될 것 같은 그런 분위기였다. 지금과는 전혀 달랐다. 나는 북한 땅에서 살게 되리라고는 꿈에도 생각하지 못했다. 이렇게 군사분계선을 넘어 북한에서 산다는 것은 상상조차 할 수 없었다. 그런데 지금 현실이 된 것이다. 도저히 믿겨지지 않는다.

토지공사에서 식사 초대를 하여 갔더니 북한 참사들이 반갑게 맞이했다. 북한 참사 4명과 남한 직원 그리고 병원 식구 세 명이 같이 식탁에 앉았다. 음식은 꽁치구이, LA갈비, 배추 겉 저리 그리고 잉어국이었다. LA갈비찜은 너무 달았다. 잉어는 천연 잉어란다. 멀건 국을 끓였는데 맛이 별로였다. 같은 재료인데 요리방법이 달라서 맛도 전혀 다르다. 그럼에도 많이 먹었다.

처음으로 마주하는 북한 사람들이기에 부자연스러웠는데 식사 중 한 참사가 대뜸 이런 질문을 했다. "김 선생, 남한에서 우리에 대해 어떻게 배웠습니까? 빨갱이니 뭐니 가르쳤는데 보니 어떻습니까? 머리에 뿔 달렸다고 배우지 않았습니까?" 대답을 망설이자 머리를 들이대며 묻는다. "뿔이 있나 만져보십시오. 왜 같은 민족끼리 그럽니까? 우리는 남한에 대해서는 아무 소리 하지 않았습니다. 미제 놈들 까부수자는 소리는 했어도..."

그리고는 동행한 간호사에게 물었다. "북한에 간다고 하니 가족들이 걱정하지 않습니까? 와 보니 어떻습니까?" 간호사가 어리둥절하여 어쩔 줄 몰라 하기에 내가 한마디 했다. "장인어른이 평안도 분인데 위험하니 가지 말라고 했습니다"라고 했더니, "이제 우리를 보고 가서 말하니 뭐라고 합니까? 예전과 달라졌다고 합니까? 아니면 달라진 것 없다고 합니까?"라고 하였다. 대답을 망설이니 계속해서 말했다. "통일만이 살길입니다. 남한의 자본과 기술 그리고 북한의 인력이 합쳐서 잘살아야 합니다. 사실 70년대 초까지만 해도 북한이 잘 살았습니다. 그러나 국방공업에 최선을 다하느냐고 모든 것이 낙후되었습니다. 국방공업이 돈이 많이 들어가지 않습니까? 그러나 국방강국이라 미제가 꼼짝 못하지 않습니까? 통일 되면 국방강국이 될 겁니다.”

나는 이런 정도의 대화가 오고 가리라고는 생각지도 못했기 때문에 속으로 너무 놀랐다. 그리고 생각했다. ‘이렇게 만나지 않았더라면 많은 오해를 하며 살았을 것이다. 이곳에 오기를 잘했다. 만나기를 참 잘했다. 저들도 뿔 달리지 않은 인간이라는 사실을 알게 되어 기쁘다.’ 그렇다. 만나야 한다. 그래야 서로를 알게 된다는 평범한 진리를 개성공단에서 새삼 깨닫게 되었다.

나도 북한 사람들에게 물었다. 우리에 대해서 어떻게 알고 있느냐고 물었다. 주저 없이 대답했다. “미제 놈들에게 빌붙어 아양 떨며 빌어먹고 있다고 배웠습니다. 그리고 저들의 총칼 앞에 자유도 없이 식민지생활을 하는 불쌍한 동포들이라고 알고 있습니다. 그래서 우리는 미제 놈들로부터 남조선을 해방시켜야 한다고 외치고 있는 것입니다.” 얼마 지난 다음에 질문을 했다. “지금도 그렇게 생각하십니까?” 이번에는 얼굴이 빨개지며 대답을 하지 못했다. 우리의 풍요롭고 자유분방한 모습을 보면서 잘못 알고 있었다는 사실을 깨달은 것이다. 그래서 만나기를 잘 했다. 이곳에 오기를 참 잘했다.

그리고 처음에는 우리 남한 주재원들이 몰고 간 몇 대 안 되는 차량을 보고 “우리에게 시위하느라고 남한의 모든 차를 몰고 왔습니까?”라고 물었다. 개성 시에서도 그렇게 많은 차를 한 번에 본 적이 없기 때문이다. 만나지 않았더라면 잘못된 지식 때문에 남한 사람들은 거지처럼 살고 있다고 오해를 했을 것이다.

개성공단에서 십일 년

새출발

북한 마을의 선전노래에 잠을 깨었다. 피곤했지만 개성의 첫날밤 잠을 깊이 자지 못했다. 숙소가 전혀 방음이 되지 않아 조그만 소리도 다 들리기 때문이다. 아침 묵상을 하였다. '이곳이야말로 광야가 되어야 하리라. 그 옛날 모세가 40년 동안 훈련했던 그 광야, 세례 요한이 주님의 길을 예비하던 그 광야, 예수님께서 기도하며 공생애를 준비하시던 그 광야, 사도 바울이 경험했던 그 광야, 그 광야가 되어야 하리라. 그리하여 전혀 달라진 새 모습으로 새 출발을 해야 하리라'고 다짐했다.

병원의 남한 간호사가 갑자기 남한으로 내려가고 싶다고 한다. 왜냐하면 돈 벌어 시집가야하는데 사치스럽게 개성에서 봉사하고 있기 때문이란다. 그런 면에서 나도 이하동문이다. 아무런 대책 없이 처자식을 팽개치고 올라왔으니 말이다. 앞으로 어떻게 하면 좋을까? 벌써부터 걱정이 몰려온다.

〈**다윗—현실에 뿌리박은 영성**〉이라는 책을 읽었다. 그 중에 광야에 관한 글이 가슴에 와 닿았다. 내 자신이 개성에서 광야 생활을 할 것이기 때문이다.

"광야는 사람이 아직 질문하기를 배우지 못한 질문에 대한 대답을 가지고 있다."

"광야에 있을 때에는 해야 할 임무도, 지켜야 할 약속도 없으며 그 무엇에도 매여 있지 않다."

"'광야는 우리가 위험과 죽음에 직면하는 곳이지만 맞이하는 태도에 따라서는 하나님의 위대한 신비와 삶의 특별한 소중함에 직면하는 곳이기도 하다."

"광야 이야기는 유혹과 시험의 이야기다."

"광야는 다윗에게 생명의 고귀함을 가르쳐주는 학교였다."

"다윗은 광야생활을 통해 전에는 전혀 기대하지 못했던 장소와 사물 안에서 하나님을 알아보는 법을 배웠다."

"주여, 나에게도 다윗의 광야를 주옵소서! 개성공단이 그런 광야가 되게 하옵소서! 특별히 이곳에서 하나님을 알아보는 법을 배우게 하소서! 아니 하나님을 만나게 하옵소서!"

나는 이 책에 푹 빠져 들었다. 이렇게 가슴 시원하게 읽어본 책이 없었다. 관점과 사고력이 뛰어났다. 마음에 드는 책을 오랜만에 접하니 행복하다.

개성공단에서 십일 년

"때로는 하나님을 위해 무언가 하는 것 보다, 하지 않는 것이 훨씬 더 중요하다."

"힘인가? 아니면 사랑인가? 통제권을 쥐기 위해 조종하고 관리하는 사람이 될 것인가? 아니면 사랑하기 위해 관대하고 마음을 여는 사람이 될 것인가?"

사실 현실은 전자의 사람이 넘친다. 그러므로 세상이 살맛이 안 난다. 특별히 이곳은 지배하는 사람이 아니라, 사랑하며 섬기는 사람이 많아야 한다. 왜냐하면 이곳에 있는 것만으로도 힘들기 때문이다. 그러므로 나도 바보같이 섬기며 넉넉한 사람으로 살기를 기도한다. 아니 그렇게 살도록 애쓸 것이다.

낯 설은 모습들

주말이라 많은 사람들이 빠져나가 식당도 썰렁하다. 날이 갈수록 식당의 김 동무와 가까워지는 느낌이다. 김 동무에게 어떻게 부르면 좋겠냐고 하니 "인영아"라고 불러주란다. 그래서 그대로 했더니 좋다고 한다. 옆에 있던 남한 총각이 인영이는 식당의 마스코트라며 은근히 관심을 표한다. 북한 여성과 남한 총각이 서로 눈이 맞아 결혼식을 올리는 날이 왔으면 좋겠다.

개성입구에 위치한 봉동관이라는 북한 식당에 갔다. 1인당 25달러나 하는 식사였다. 우리에게는 물론이거니와 북한에서는 상상도 할 수 없는 고가의 음식이다. 오리, 오징어 등의 구이와 돼지 발쪽(족발) 그리고 생선구이 등이 나왔다. 바람 떡은 껍질이 딱딱해서 먹기 불편했다. 마지막에는 냉면이라고 하는 막국수 모양의 면이 나왔다. 후식으로는 수박이 나왔다. 모든 재료는 평양에서 오는 것이란다. 봉사하는 아가씨들은 모두 한복을 곱게 차려 입었다.

식사중 봉사원들이 노래방기기 또는 기타에 맞춰 '반갑습니다' 등 조선가요를 불렀다. 특별히 남한 노래 '칠갑산'을 부르는 여성은 너무나 간드러지게 불러 가슴이 뭉클하였다. 병원 식구들이 기타 반주에 맞춰 '아침이슬'을 불렀다. 매우 감동적이었다. 남북처녀들의 합동공연이었기 때문이다. 마지막 모두 단상에 올라 '다시 만납시다', '우리의 소원은 통일'을 불렀다. 식사를 마치고 나오는데 냇가에는 여기저기 마을 주민들이 나와 빨래를 하고 있었다. 빨래하는 엄마 옆에 앉아 있는 어린아이들의 모습도 보였다. 어릴 적 시골생활이 절로 생각나는 광경이었다. 바로 저런 현장 옆에서 저들의 한 달 급료 수준의 식사를 했다는 것이 마음에 걸렸다.

병원 옆 은행의 김 동무는 유니폼을 입었는데 바지는 너무 꽉 끼어 어색했다. 그런 옷을 입어 본적이 없어서 그런가 보다. 나도 한 때

개성공단에서 십일 년

붉은 색 계통의 옷을 입지 못한 경험이 있어 이해가 된다. 그리고 마트의 북한 아가씨들은 얼룩덜룩한 옷이 왠지 어색하다고 한다. 그것도 마찬가지 이유일 것이다. 모두가 처음이라 낯설고 어색하다. 차츰 괜찮아질 것이다.

저녁 후 숙소 뒤편에서 어제 보았던 북한 마을을 보았다. 논에서는 어둑어둑해지는 시간임에도 못자리를 관리하고 있었다. 사람들이 분주하게 움직이고 있었다. 어두워지는데도 마을 어디에도 불빛은 새어 나오지 않았다. 캄캄한 현실만큼이나 마음이 어두워졌다.

창세기를 묵상 중에 요셉이 형들에 의해서 애굽에 팔린 사건을 보면서 새삼 하나님의 음성을 들었다. 요셉이 형들에게 말한다. "당신들 때문이 아니라 하나님이 나를 먼저 이곳에 보내셨다." 이 말이 가슴에 와 닿는다. 그렇다. 이런저런 이유로 이곳에 왔다. 그러나 할 수 없이 결정된 것이 아니다. 하나님이 이곳에 나를 보내셨다. 왜냐하면 하나님이 나를 통해서 이곳에서 이루고자 하시는 것이 있기 때문이다.

"주여, 당신의 뜻대로 인도하옵소서!"

덤으로 주리라

나는 개성공단에 삼 개월 자원봉사자로 출발했다. 그러므로 재정에 대한 대책은 전무했다. 그러므로 가정형편이 말이 아니었다. 처음 얼마동안은 한 달 식비가 수입의 전부였다. 아침에 한 끼 금식 아닌 '굶식'을 하여 모은 돈을 집에 가져다주었다. 지금 생각해도 가슴이 아프다. 그런가 하면 교단의 헌법상 개성은 국내이기 때문에 정식 선교사의 자격을 얻을 수 없어 공식적으로 후원교회를 구할 수도 없었다. 노회 국내선교부 전도목사의 자격으로 주변의 선후배 동료 목사들로부터 십시일반 후원을 받아 겨우 생활하고 사역을 감당해야 했다.

그렇게 재정적으로 어려운 상황에서 눈에 쏙 들어오는 책이 있어서 정독을 하였다. 로렌 커닝햄의 **〈벼랑 끝에 선 용기〉**라는 책이다. 특별히 가슴에 와 닿은 구절들이 있다.

"하나님께서 이끄시는 곳에서는 하나님이 먹이신다."

"나는 내가 내 권리를 포기할 때 하나님은 내게 있어서 가장 기본적인 필요까지 돌보시리라는 것을 배웠다."

"하나님께서 당신에게 무엇을 하라고 말씀하시면 무엇을 가지고 있던지 열심히 시작하라. 나머지는 하나님께서 채우실 것이다."

"절대로 사람을 돈의 공급원으로 보아서는 안 되며 언제나 사람들을 친구처럼 값지게 여겨야 한다."

"하나님께서 말씀하시는 것과 말씀하시는 때를 따라 순종하고 있으면 하나님은 당신을 도와 하나님의 뜻을 이룰 수 있도록 당신 주변의 사람들과 필요한 것들을 미리 준비해두셨다."

"믿음은 살아계신 분을 믿는 것이며 그 분께서 당신에게 하라고 이르시는 일을 당신이 해낼 수 있도록 도우시리라고 믿는 것이다."

"과거를 하나님의 자비에, 현재를 그 분의 사랑에, 미래를 그분의 섭리에 맡기라."

　그렇다. 재정은 하나님께 맡기고 하나님의 일이나 열심히 하자. 그
러면 하나님께서 채우실 것이다. 그러므로 주님이 말씀하신 것처럼 무
엇을 먹을까, 무엇을 입을까, 염려하지 말자. 다만 먼저 하나님의 나라
와 의를 구하자. 그리하면 이 모든 것은 덤으로 주실 줄 믿는다.

　　　　　　　　　　　　　　　　　　　　개성공단에서 십일 년

김기사, 운전해

나의 일터는 개성병원이다. 처음에는 남과 북 진료소가 따로 있었다. 북한 진료소를 방문하니 그야말로 아무것도 없었다. 의료진만 있고 장비도 없고 약품은 현대아산에서 공급해주는 최소한의 것뿐이었다. 그래서 남한의 의료선교단체에서 협력병원을 짓고 모든 장비와 약품을 공급하고 북한 의료진의 임금도 지불하였다. 당시 북한 근로자들의 기본급이 60달러 정도였는데 의사는 100달러 그리고 간호사는 70달러를 주었다. 북한에서의 의사는 일반노동자와 다르지 않다. 공장에서 일하는 의대출신들을 가끔 볼 수 있을 정도이다. 남한에서는 상상도 못할 일이다. 북한 의사들은 급수가 있다. 어느 정도 경력을 쌓으면 소정의 시험을 통해 진급할 수 있다. 의사라고 다 같은 의사가 아닌 것이다. 북측 의사에게 물으니 북한 돈으로 2500원 정도의 월급을 받는다고 한다. 이것은 최저 수준이다. 운전기사가 3500원을 받고 있으니 말이다.

　북한 의사 한 선생은 독특한 사람이다. 왠지 이곳 사람 같지 않다. 생각하고 말하는 것이 그렇다. 어떻게 저런 사람이 이런 적진에 들어와 있는지 의문이다. 집안 배경이 좋아서인가? 아무튼 신비한 인물이다. 입을 열면 끝이 없다. "사회주의 분배원칙은 일하지 않으면 임금 주지 않고 자르고, 일하는 사람에게는 더 주는 것이다. 우리 딸이 15살인데 여자 아이가 무뚝뚝하고… 말도 그렇고, 여자가 그래서는 안 되는데, 노래나 예능 방면에는 젬병이고, 그럼에도 나같이 의사가 되겠다고 한다." 내가 북한에서 의사는 일반노동자와 다를 바 없지 않느냐고 하니 그렇다고 동의한다. 북한 의사는 남한 의사와는 전혀 다른 대접을 받고 있다.

　나는 병원에서 처음에는 행정부장으로 나중에는 부원장이라는 거창한 직책을 가지고 봉사하였다. 그러나 실상은 병원살림을 도맡아 하

TIP : 북한의 주요 보건 의료원 양성기관으로는 의과대학, 약학대학 등이 있다. 의과 대학은 6년제로 졸업과 동시에 의사자격이 부여되기 때문에 재학 중에 의사자격에 필요한 과목별시험에 합격해야 한다. 의과대학 중 서열 1위는 평양의과대학이고 이밖에 단과대학으로 평양의과대학(4년제)과 의사 재교육대학 등이 있다고 한다. 약학대학은 고려약학대학과 평양의학대학 약학부 등이 있으며 교육기간은 6년이다. 이 외에 간호사 양성을 위해 별도의 1년제 간호양성소가 있고, 교육기간 3개월인 보육원양성소가 각 시군별로 설치되어 있다.

[출처 : 통일 교육원 UNIZINE 2013년 5월(제100호) '북한 이것이 궁금해요']

개성병원 환자접수

는 잡역부였다.

병원 청소하는 청소부였다.

환자 접수하고 통계내고 급료를 바치는 원무과 직원이었다. 엑스레이 기사도 했다. 독성이 있는 현상액을 교환하는 일은 매우 힘든 일이었다. 특수한 곳이니까 가능했지 남측 같으면 할 수 없는 일이었다.

개성병원은 진료소 수준이었기 때문에 응급환자, 수술환자, 또는 장기 입원환자는 남한으로 긴급 후송하였다. "김 기사, 운전해!"하면 즉시 운전하는 응급차 기사노릇도 했다.

말이 긴급후송이지 절차가 복잡해 적어도 한 시간 이상이 걸린다. 환자가 발생하면 의사가 진단서를 발급하고 관리위원회 출입사무소에 연락한다. 그러면 북한 출입사무소에 연락한다. 북한 출입사무소에서는 북한 군부에 연락하고 군부는 남한 군부에, 남한 군부는 유엔사에 허락을 받는다. 비무장지대 개방은 유엔사 소관이기 때문이다. 이순서가 다시 역순이 되어 오려면 그 정도 시간이 걸리는 것이다. 긴급한 환자를 보고 있노라면 애간장이 다 녹는다. 만약 가족이 옆에 있다면 그 심정이 오죽하랴.

심지어 전문가도 아닌 출입부 참사들이 응급환자인지 확인하러 온다. 그러는 데는 이유가 있다. 출입 변경 시간이 최소한 3일이 걸린다.

긴급한 일로 내려 가고 싶을 때 유일한 방법은 바로 환자로 위장해 긴급 후송하는 것이다. 이로 인해 의사와 충돌하기도 한다.

환자도 아닌 사람에게 진단서를 발급할 수 없다는 의사의 양심 때문이다. 그러나 대부분 이곳의 특수성을 감안하여 타협할 때가 많다. 아무튼 시간을 단축하기 위해, '선 출경 후 보고'를 강력히 요청하였으나 허락되지 않았다. 전혀 변함이 없는 곳이 개성공단이다. 십년이 지나면 강산도 변한다는데 아무것도, 심지어 강산도 변하지 않는 곳이다. 정말로 특별한 곳이다.

이곳에 병원이 생기기 전에는 남한 근로자들이 언제 어떻게 아플지 몰라 비상약품을 한 보따리 사들고 왔다. 그리고 응급상황이 발생하면 어떻게 하나 걱정이 이만 저만이 아니었다. 그러나 병원이 생기고 언제라도 남한으로 긴급 후송할 수 있게 되어 얼마나 안심하는지 모른다. 병원이 있는 것만으로도 위로가 되는 것이다. 나도 그런 사람이 되었으면 좋겠다. 있는 것만으로도 다른 사람들에게 위로가 되고 힘이 되는 사람이 되기를 기도한다.

협력병원에서는 하루에 남한환자는 30명 정도, 북측 환자는 300명 정도 진료한다. 북측 환자는 병원에 오는 것을 통제해서 그렇지 자유롭게 한다면 1,000명이 넘게 올 것이다. 북측 사람들은 환경과 영

개성공단에서 십일 년

양 등, 여러 문제로 아픈 사람이 많기 때문이다.

시계 만드는 공장에서 일하는 근로자가 약을 먹고는 부작용이 난 것 같다. 눈이 퉁퉁 부어져 왔다. 의사가 당황하는 눈치다. 잘못한 것은 없지만 결과가 좋지 않아 마음이 편할 리 없다. 동료들이 걱정하며 긴급 출경할 수 있는가 묻는다. 만약 위험하면 응급차를 통해 후송이 가능하다고 하니 그때서야 안심하고 돌아간다. 이곳에서는 남한에서보다 몸에 매우 민감하다. 불안한 현장에 있기 때문이다. 그리고 군대처럼 아프면 자기만 서럽기 때문이기도 하다. 돌보아 줄 가족이 없다는 현실이 그렇게 만드는 것이다. 그래서 나도 건강을 잘 챙겨야겠다고 수없이 다짐해 본다. 남한 직원이 기어 다니는 이를 보며 이거 어디서 났냐고 물으니 북측 근로자가 말했다. "남한에서 가져온 물건에서 떨어진 것 같습니다." 그냥 웃어 넘겼지만 왠지 가슴 한구석이 멍해진다. 환경이 불결하여 '이'뿐만 아니라 질병도 많이 생긴다. 이곳에는 아직도 회충이 많아 변을 보면 회충이 나오는 경우가 많다고 한다. 옛날 어릴 적, 검사할 변을 안 가져와 학교변소에서 떠다 주었는데 반에서 회충이 제일 많이 있는 학생으로 검사가 나와 회충약을 한보따리 받으며 창피했던 기억이 난다. 바로 이곳이 그렇다. 아직도 회충이 있는 사람들이 대부분이이다. 그래서 병원에서 몇 차례에 걸쳐 회충약을 대대적으로 공급하기도 했다. 가끔 병원을 찾아와 회충약을 찾는 북한 참사들도 있다. 어쩌다 이 나라가 이렇게 되었나!

북한 사람들하고 같이 있자면 노숙자 냄새가 난다. 자리를 뜬 다음에도 한동안 그 냄새가 사라지지 않는다. 제대로 세탁을 하지도, 씻지도 못하기 때문이다. 특히 여름 같은 때나, 찌든 발싸개를 한 사람은 더욱 냄새가 심하다. 남한 직원들은 "이제는 익숙해질 때도 되었는데 아직도 그 냄새 때문에 골이 아파 일을 못하겠네"라고 불평하곤 한다. 한번은 북한 근로자들의 탈의실을 지나가는데 냄새가 코를 찔러 죽는 줄 알았다. 그러니 함께 일하는 남한 근로자들은 오죽하겠는가? 이해가 된다. 그래서 각 공장 마다 샤워 실을 만들고 조별로 목욕하도록 해서 많이 좋아졌다. 하지만 병원에 북한 사람들이 왔다 가면 냄새가 한동안 계속된다.

병원에 온지 얼마 되지 않아 신고식을 톡톡히 치렀다. 잠이 막 든 순간 전화벨이 울렸다. 응급환자가 생겼으니 빨리 와 달라는 것이다. 시계를 보니 밤 11시 35분이었다. 올 것이 왔구나 생각하며 옆방의 진료부장을 깨워 현장으로 달려갔다. 구내식당에 가보니 마트 점장과 식당 조리사가 술이 취해 싸우다 마트 점장의 다리가 부러진 것이다. 그리고 조리사는 얼굴이 피투성이가 되었다. 관리위원회 여비서가 서로 자기 것이니 건드리지 말라고 하다가 싸움이 났단다. 마트 점장은 상대방을 찬다는 것이 식탁 모서리를 차서 다리가 부러지고, 조리사는 마트 점장이 소주병으로 때려 얼굴이 엉망이 된 것이다. 이후 병 소주는 반입 금지되고 페트병 소주가 대신했다.

두 사람의 후송을 결정하고 관리위원회를 통해 수속을 밟았다. 먼저 북한 참사와 통화하고 남한에 연락하고 그러는 동안 2시간이 흘러

새벽 2시나 되어서 북방한계선을 통과하였다. 남한 도라산 출입사무소에 가니 관련 직원들이 맞이하였다. 일산에 있는 병원에서 구급차가 오지 않아 내가 일산까지 가지 않으면 안 되었다. 파주경찰서에서 나온 형사의 에스코트를 받으며 새벽 3시 30분경 병원에 도착하여 입원수속을 마쳤다. 만약 생사를 다투는 환자였다면 수속하는 동안 이미 죽었을 것이다. 새벽 어두운 밤에 군사분계선을 넘으면서 가깝고도 먼 나라가 북한이라는 사실과 분단의 아픔을 뼈저리게 느꼈다. 앞뒤에서 북한 군인차량이 호위할 때 무섭기도 했다.

북한출입사무소 신축공사장에서 지게차에 남한 근로자가 치었다는 소식을 듣고 긴급출동을 하였다. 초소에서 안내참사를 기다리다 오지 않아 급한 김에 공사차량으로부터 통행증을 받아 붙이고 나가려니 군인들이 막아선다. 왜 응급차에 공사차량의 통행증을 붙였느냐며 통행증을 빼앗아가더니 나중에 연락이 되었는지 통행증을 돌려주고는 나가도 된다고 한다. 응급환자를 치료하려고, 그것도 응급차를 가지고 나가는데도 제지를 하는 것이었다. 너무 답답하다. 규정이 사람을 죽이는 것이다. 무엇을 위한 규정인가? 10년이 지났어도 그 규정은 변하지 않았다. 오늘도 여기저기서 법 때문에, 규정 때문에 억울한 사람들이 죽어가고 있다.

남한에서 전기를 가져오기 위해 비무장지대 안에서 송전탑을 세우다 남한 근로자가 추락하는 사고가 있었다. 생각 같아서는 추락현장에서 바로 남한으로 후송하고 싶었지만 개성병원으로 데려와 평소와 똑같은 절차를 밟아 후송하며 진땀을 뺐던 기억이 아직도 생생하다.

죽은 시체를 산 것처럼 위장해 후송하였다. 시체 운반은 환자 후송과는 전혀 절차가 다르고 많은 시간이 걸리기 때문이다. 어제 저녁에 술을 마시고 숙소 정문으로 가면 문제가 될까봐 지름길이라고 생각되는 언덕으로 가다가 차가 추락하여 사망한 사고이다. 오늘 아침이 되어서야 발견되었는데 우리가 갔을 때는 이미 죽어 있었다. 그리하여 산 것처럼 꾸며 산소 호흡기를 꼽고 의사를 대동하여 남한으로 후송하였다. 일산 백병원 응급실에 도착하여 사망하였음을 확인하고 가족에게 인계하고 복귀 시간이 여유가 있어 찜질방에가 잠시 눈을 붙였다.

공교롭게도 오늘은 16년 전에 막내 동생이 교통사고로 이 세상을 떠난 날이었다. 30세의 젊은 나이에 안타깝게 생을 마감하였다. 그날은 비가 오는 주일이었는데 비보를 듣고 어쩔 줄 몰랐던 그때가 머릿속에 떠오른다. 어머니는 그 때 충격으로 한 쪽 눈의 시력을 거의 잃었다. 오늘 사망한 김 씨의 가족들은 얼마나 안타깝고 슬플까? 그리고 보면 언제나 마지막을 준비하며 살아야 한다. 오늘 어머니 댁에서 동생 가족들이 모여 먼저 간 막내 동생의 추도식을 갖는다고 하였다. 어머니께 전화하여 주님의 위로가 함께하기를 기도했다.

"우리 가족들에게 다시는 동생과 같은 불행한 일이 일어나지 않게 하옵소서! 눈동자 같이 지켜주옵소서!" (2017.3.10. 일기 중에서).

한 공장에서 전화 왔다. 빨리 와달라는 것이다. 의사와 함께 가보니 간판을 달고 있던 남측 근로자가 고가 사다리에서 추락하였다는 것이다. 응급조치를 취하였지만 끝내 숨지고 말았다. 더욱 안타까운 것은 고가사다리를 동생이 조정하고 있었던 것이다. 지금도 망연자실하여 죽은 형을 쳐다보던 동생의 모습이 눈에 선하다. 그 역시 산 것처럼 위장해 남한으로 후송하였다.

긴급전화가 와 차량 전복사고가 났다는 소식을 전해 왔다. 급히 출동해서 보니, 레미콘 트럭이 새로 난 도로에 전복되어 있었다. 운전자는 북한 사람인데 다행히도 운전대 반대쪽으로 넘어가 몸에 이상이 없었다. 도로에 바퀴자국을 보니 과속을 한 것 같다. 그럼에도 북한 운전사는 남한 차량이 갑자기 튀어나와 급브레이크를 밟았다고 항변한다. 현장에 온 현대아산 직원이 "길 잘 닦아 놓으니 사고나 내고, 젠장!"하며 투덜거린다. 앞으로 차량 사고가 많이 날 텐데 걱정되었다. 아니나 다를까 그 후에 많은 사고가 나서 출동하였다. 트럭에 근로자들을 태우고 달리던 차량이 전복되어 많은 사상자가 나기도 했다.

개성 시에는 대중교통도 없고 일반 차량도 거의 없다. 지금까지 이렇게 많은 차들을 본 적이 없다. 그러므로 운전기사도 턱없이 부족하다. 트럭은 물론 수백 대의 출퇴근 버스를 운전할 기사가 없어서 급히 연수해서 운전자를 대량생산했다. 공단 여기저기 공터에서 돌로 코스를 만들어 운전 연습하는 사람들을 쉽게 볼 수 있다. 병원 앞에서 후진하던 연습버스가 에어컨 실외기를 들이받아 여름을 덥게 보낸 적도 있다. 아무튼 운전기사들이 대부분 초보자들이다. 더군다나 개성에는 전기도 없으니 신호등도 있을 리가 없다. 따라서 사거리에서 사고가 많이 난다. 신호의 개념이 없는 운전자들이 신호를 무시하고 돌진하다 충돌하는 사고가 연일 일어났다. 방지 턱을 세우고 운전자 교육을 강화했지만 소용이 없었다. 그래서 사고가 많이 나는 교차로는 모두 로타리 식으로 바꾸었다. 초기에는 사고가 나도 북한 병원에 응급차가 없어 개성으로 후송할 수가 없어서 버스에 태우고 환자를 후송한다고 난리였다. 다친 사람을 응급차 침대에 눕혀 후송해야 되는데 버스에 태워 보내며 안타까워 한 적도 많았다.

안타가울 때가 더 많았지만 내손으로 환자를 직접 후송하고 목숨을 살리고 건강을 회복한 환자가 고마웠다고 인사를 할 때는 보람을 진하게 느꼈다. 목회한 때는 느껴보지 못한 짜릿한 쾌감이었다.

트로이목마

병원 사역을 하며 개성교회도 함께 섬겼다. 주일예배는 나보다 먼저 와서 3개월 동안 봉사하시던 목사님이 컨테이너 숙소에서 시작하였다. 그러다가 의류업체의 신우회와 함께 주일예배를 드렸다. 내가 가서 자연스럽게 주일예배를 인도하였다. 그런데 주말이 되면 대부분 남한으로 내려가기 때문에 예배참석 인원이 적었다. 그래서 병원 로비에서 수요기도회를 시작하였다. 병원 직원과 안전 관리팀 몇 사람이 참석하였다. 그러다 의류업체에서 수요예배도 함께 드렸다.

개성교회는 등록 교인이 80여명이다. 주일예배는 주말에 남한으로 내려가는 사람이 많아 20명 미만의 교우들이 참석하여 예배를 드렸다. 오히려 수요기도회에 40명이 넘는 교우들이 참석하였다. 그래서 친구들에게 은근히 자랑하곤 했다.

"남한 교회 중 주일예배보다 수요기도회에 더 많이 모이는 교회 있으면 나오라고 그래!"

여러 가지로 답답한 현장에 있기에 남한에서 열심히 없던 교우들도 적극적으로 신앙생활 할 것 같은데, 오히려 정반대이다. 왜냐하면 생활이 24시간 노출되기 때문이다. 여기서 신앙의 생활화가 얼마나 중요한지 새삼 깨달았다. 좁은 공간이기에 술 취해서 나를 만나고, 담배 피우다 들키고, 그러다보니 자유롭게 생활을 하기 위해 교회에 아예 나오지 않는 것이다. 처음에는 나왔다가 나에게 몇 번 술, 담배를 하는 것을 들켜 미안해서 못나오겠다고 하는 분들이 있었다. 그럼에도 나올 것을 권면하지만 마음이 허락하지 않는 모양이다. 전혀 모르면 모르겠는데 평소 자신의 삶의 자리를 알고 있는 목사 앞에서 예배드리는 것이 불편한 것이다. 예배와 신앙의 생활화가 만만치 않다는 사실을 새삼 깨닫게 된다. 마트에서 소주를 마시던 점장이 나를 보고 고해성사를 했다.

"부원장님, 사실은 제가 모태신앙입니다. 이곳에 오기 전까지는 교회에 나갔습니다. 이곳에서는 주일날 일하느라고 못나가지만…"
"그래? 직원 한 사람 더 오면 꼭 나와."

"제가 교회에 나가면 혼란스러운 사람이 많을 거예요. 술, 담배하지요. 저런 놈이 교회 나왔다고 손가락질 할 거예요."

"그래도 꼭 나와. 중환자가 병이 너무 중하니 집에서 치료한 다음에 병원에 간다는 사람은 없지. 교회도 마찬가지야. 술, 담배 하면서도 나와. 끊고 나오려면 못 나와. 얼굴이 두꺼워야 신앙생활 잘 할 수 있어. 주님 앞에 나가면 용서 받지 못할 죄가 없어. 그럼에도 나가는 거야. 성령이 역사하면 담배도, 술도 끊게 돼. 하나님의 자비하심을 믿고 나가는 거야."

완벽한 신앙생활은 불가능하다. 너무 뻔뻔한 사람도 많은데 미안한 마음을 갖는 것은 지나치지 않으면 괜찮다. 목사로서 자신을 돌아보게 된다. '김 목사, 너는 요즘 예수 잘 믿고 있는가?'

어제 밤 응급후송을 하고 아침에 들어와서 예배시간에 15분 늦었다. 넓은 강당 한 구석에 마련된 예배장소에는 8명의 교우들이 찬송을 드리고 있었다. 북한 땅 한복판에서 감격적인 첫 주일 예배를 드렸다. 어버이 주일이라 '아들아, 들으라'는 설교를 하였다(**2005.5.8. 일기 중에서**).

감격스러운 것은 병원에서 처음으로 수요기도회가 시작된 것이다. 병원에서 직원들로 이루어진 출발이지만 앞으로 아름다운 모임이 되리라 믿는다. 며칠 되지 않았지만 그동안 탈진되었던 영적인 힘이 새롭게 꿈틀 되는 것을 느낀다. 이곳에 오길 잘했다는 생각이 시간이 갈수록 든다. 불현 듯 이곳 체질이 아닌가 하는 생각도 든다. 하나님의 뜻이 어디 있는지는 모르지만 가능한 한 장기적인 사역을 하리라 마음 먹어본다(2005. 5. 4 일기 중에서).

7명의 작은 무리지만 오늘도 수요기도회를 가졌다. 찬양은 어제나 우리를 평안과 기쁨으로 인도한다. 기도회가 마쳤는데도 가지 않고 한 시간 넘게 찬양을 하였다. 한 형제의 표현대로 하면 오늘 따라 찬양이 땡긴단다. 막걸리 먹고 싶은 생각을 없애기 위해서라도 찬양을 마음껏 할 수 있는

개인 공간이 있으면 좋겠단다. 진실 된 삶을 향한 몸부림이라도 치고 싶은 것이다. 나가보니 가로등에 불이 환하게 켜져 있다. 주변 북한 마을에는 칠흑 같은 밤인데, 이곳 공단에는 불이 대낮처럼 밝다. 또 다시 답답함이 가슴에 몰려온다. "어두운 세상에 빛을 주소서. 무엇보다 복음의 밝은 빛을 주소서. 답답한 이 가슴에도 참된 자유의 빛을 주소서."

수요 기도회에 시간이 되어도 한 사람도 오지 않는다. 오늘은 혼자 기도하고 가는가보다 생각했더니 그것은 믿음 없는 소치였다. 전 선생이 왔다. 오늘 왔는데 토요일에 나간단다. 그리고 2명, 나중에는 김 간호사도 왔다. 은혜롭게 기도회를 마치고 찬양하는데 병원 밖에서 찬양

개성공단에서 십일 년

소리가 들려온다. 안전 관리팀의 이 계장이다. 술을 마셔 들어 올 수는 없고 예배는 궁금해서 귀를 기울이다 찬양소리가 나오니 자기도 모르는 사이에 따라 부른 것이다. 들어오라 강권하여 함께 찬양하는데 눈물을 흘린다. 술을 마셔 죄송하단다. 하나님은 어떠셨을까? 우리의 찬양보다 비록 술을 마시고 죄송한 마음에 들어오지 못해서 밖에서 부르는 찬양을 더 기뻐 하셨을 것이다. 그 마음을 기꺼이 받아 주셨을 것이다. 술에 취해 얼굴은 붉어지고 입에서는 냄새가 진동하지만 그가 부르는 찬양에 은혜를 받으며 함께 눈물을 흘렸다. 지금까지 이런 감동적인 찬양은 들어 본 적이 없다. 개성공단에서만 가능한 잊지 못할 경험이었다. 할렐루야!

수요기도회에 병원직원 3명에, 현대아산 직원 1명이 와서 예배를 드렸다. 관리위원회도 회식이고 안전 관리팀의 이 계장도 회식이란다. 그런데 예배가 끝날 즈음에 이 계장이 급히 들어왔다. 예배 후 고백하기를 오늘 두 군데 회식이 있었는데 눈뜨고 기도했단다. 오늘 수요기도회에 참석해야 하는데 어쩌나 하고 기도했는데 한 곳은 자동취소 되고 한 곳은 직급이 낮다고 빠져 나올 수 있었다고 말한다. 기도응답을 받은 것이다. 오늘도 이 계장을 통해 은혜 받고, 도전을 받는다. 믿는 이에게는 우연은 없다. 안 믿는 이들은 우연한 사건으로 치부할지 모르지만 믿는 이에게는 모두가 필연이다. 하나님의 섭리 하에 이루어지는 필연적인 사건이다.

그런데 이곳에서 회식 자리를 두고 나온다는 것은 쉽지 않은 일이다. 포기하고 거절하는 것은 세상살이에서 용기가 필요한 선택이다. 선택은 곧 가치관의 표현이다. 나는 이 가치를 택하겠노라고 선언하는 것이다. 올바른 선택이 올바른 삶을 낳는다. 선택의 연속이 곧 인생이기 때문이다. 나를 돌아본다. 과연 나는 날마다의 삶속에서 올바른 선택을 하고 있는가?

핍박과 시련

교회를 공식적으로 인정하지 않는 이곳에서의 예배활동은 그리 쉽지 않았다. 여러 가지 어려움을 겪어야만 했다.

병원에서 수요기도회를 가질 때 아직 퇴근하지 않은 마트의 여성 동무가 보고는 총국에 고발하였다. 총국으로부터 경고를 받았다. "김 선생, 무엇 때문에 병원에 오셨습니까? 딴 짓 하지 말고 본연의 임무에 충실 하시오!" 그러나 집회를 하지 말라고는 하지 않아서 감사했다. 북한 근로자가 퇴근한 다음에 예배를 드리라는 것이다. 그 정도 시간변경은 얼마든지 할 수 있었다. 남한에서는 겪어보지 못한 일이라 마음이 불편했지만, 한편으로는 핍박 받던 초대교회 교인들의 심정을 조금이나마 느낄 수 있어서 좋았다. 그리고 남한에서 자유롭게 예배드리는 것이 얼마나 큰 복인가를 깨닫게 되었다. 더군다나 이곳에서 예배드릴 수 있는 것은 얼마나 놀라운 은혜인가? 감사할 뿐이다.

수요기도회에 시험을 주셨다. 예배 중 응급환자가 와서 어수선했다. 병원과 교회를 동시에 섬기려니 어쩔 수 없다. 몇 번이고 예배가 중단되었다. 이런 가운데도 포기하지 않고 예배를 마쳤다. 분위기가 어수선 할 때는 차라리 예배를 중단 하고 싶을 때가 있다. 그러나 주변의 분위기 때문에 예배를 양보하거나 포기할 수는 없는 것이다. 우선순위에서 밀리면 절대로 안 되는 것이 바로 예배이다.

수도기도회를 가졌다. 은혜로운 찬송과 말씀의 나눔이 있는 아름다운 수요기도회였다. 예배가 끝난 후 다과회를 하면서 주일 예배에 대한 의견이 있었다. 예배 중 일어나는 순서와 중보기도(통성기도)에 관한 의견이었다. 이런 일이 일어나는 것은 개성교회가 대한민국 교회 중 유일한 초교파 교회이기 때문이다. 심지어 천주교 교인도 나오는 곳이 개성교회다. 만약 개성공단에 종교자유화가 허락된다면 각 교단마다 밀물 듯이 들어 올 것이 뻔하다. 그러나 이곳은 아직 한 교회만이 존재한다. 이런 면에서 자부심을 갖는다. 그리고 기쁘다. 통일 후에도 북한만큼은 교단이 아니라 하나의 초교파 기독교가 들어갔으면 하는 바람이다. 아무튼 같은 교단이더라도 교회 마다 예배의식이 약간씩 차이가 있는데 하물며 교단이 다른데 어떻겠는가? 그런 사정과 이곳의 특수성을 설명했더니 다들 이해하고 넘어가서 다행이었다. 사실 어느 곳에서나 절대적인 것은 없다. 유익이라는 목표를 지향하면 극복 못할 차이도 없다고 생각한다.

박 간호사가 심각하게 말했다. 교회 가기 전에 마트에 들렀더니 김 동무가 "언니, 어디가세요?"라고 물어서 "밖에 나가려고..."라고 얼버무렸더니, "언니, 교회에 가시죠? 나 다 알고 있어요"라고 하더란다. 왜 모르겠는가? 주일날도 근무하는 때가 있어 우리가 교회로 이동하는 것을 다 보았을 것이다. 하기야 북한고위 참사들도 다 알고 있는 사실인데, 뭐 그리 대수란 말인가? 그럼에도 떳떳하게 말할 수 없는 현실이 답답할 뿐이다.

의류업체에서 예배드리는데 북한 참사가 말했다. "왜, 다른 업체 사람도 옵니까?" 이에 법인장이 지혜로운 대답을 했다. "각 업체마다 교인들이 있는데 그러면 다 따로 예배를 드릴까요?" 그러자 북측 참사가 "아니, 됐습니다. 한곳에 모이십시오"라고 하였다. 왜 아니겠는가? 따로 모이면 감시하기 어렵기 때문이다.

용기 있게 위험을 무릅쓰고 개성교회라는 간판을 달았다. 아니나 다를까 이를 알게 된 참사가 와서 난리다. "누가 허락한 교회입니까?

당장 교회 간판을 떼십시오. 교회로 인정받으려면 조선 그리스도 연맹에 가입하십시오. 그러면 평양에서 목사를 파송하겠습니다." 그럴 수 없지 않은가? 어떻게 북한 목사의 설교를 들으며 예배를 드릴 수 있겠는가? 그래서 할 수 없이 교회 간판을 내렸다. 떼는 과정에서 북한 참사가 "꼭 간판을 달아야 교회입니까? 모여서 예배드릴 수만 있으면 되지"라고 하였다. 옳은 말만 골라서 한다. 예배드리면서 "우리가 좀 더 분발하여 살아있는 교회를 보여줍시다"라고 권면했다.

성찬식을 하기 위해 성찬기를 가지고 올 때 잔과 담는 통을 따로 가져왔다. 통을 보고 북한 세관원이 무엇이냐고 물었다. 우리 교우가 지혜로운 대답을 했다. "빵 찌는 기구입니다." 물론 빵 찌는 기구는 아니지만 그리스도의 몸 된 빵을 담는 기구임에는 틀림없다. 주님의 인도하심은 참으로 기묘하다.

성찬식
▼

독립적인 예배당이 지어졌을 때도 어려움은 계속되었다. 교회 간판을 달 수 없어서 강당동이라고 붙여 놓았다. 강단 벽에 십자가를 걸 수 없어서 이동 벽을 만들어 그곳에 십자가를 달고 예배시간에 내놓았다가 끝나면 숨기면서 예배를 드렸다. 남한에서는 경험하지 못한 일들이다.

심지어 예배당을 관리해 준다는 명목으로 두 명의 여성동무들을 보내어 교회의 모든 활동을 감시한다. 설교 내용이나 기도내용도 조심스럽다. 주보도 만들었다가 사용하고는 곧 파기한다.

공개적으로 예배처소나 시간을 알릴 수도 없었다. 그래서 공단에 새로 온 남측 근로자들 중에는 뒤 늦게 교회가 있다는 사실을 알고 놀랐다. 그래서 남한 도라산 출입사업소 게시판에 개성교회의 존재와 예배시간을 알렸다. 이것조차 제재당해 오래 할 수가 없었다. 안타까운 일이다.

제화공장의 착공 예배를 인도하였다. 개성공단에서는 처음 시도된 공개적인 예배이다. 물론 공장부지에서 드리는 예배이기에 가능한 것이다. 예배를 인도하는 나 자신은 물론 관리위원회 직원도 긴장하였다. 누구보다 제화공장 사장이 신경을 많이 썼다. 이로 인해 북한당국으로부터 불이익을 당하지나 않을까 하는 걱정이 있기 때문이다. 그런 까닭에 혹시 북한 사람들이 들을지 모르니 찬송가를 부르지 말자고 요청했다. 그러기로 하고 무사히 예배를 드렸다. 감동적인 시간이었다. 개성광야에서 공개적으로 예배를 드리다니 역사적인 사건이었다. 광야의 외치는 자의 소리가 이것인가? 광야 한가운데서 설교하는 기분이 이런 것인가? "주여, 황무한 이 땅에 복음이 깊이 뿌리 내리게 하옵소서!"

개성공단에서 십일 년

때를 얻든지, 못 얻든지

제일 답답한 것은 북한 사람들에게 직접적으로 복음을 전할 수 없다는 사실이다. 함께 예배를 드릴 수 없는 것은 두말 할 나위도 없고 말이다. 법인장으로 일하시는 장로님은 북한 근로자들에게 어찌하든지 사랑으로 대하려고 한다. 그러다 보면 결국 그리스도가 증거 되지 않겠느냐고 말씀하신다. 좋은 생각이다. 공개적으로 전도 할 수 없기 때문에 주님의 사랑으로 다가가는 것이다. 여기만이 아니다. 남한에서도 입으로가 아니라 이제는 몸으로 전도하는 시대가 되었다.

예배당의 존재만으로 저들에게 무언의 전도를 하고 있다는 것을 알게 되었다. 북한 근로자들도 이곳이 예배드리는 공간이라는 것을 알고 있었다. 수요기도회 후 다과회를 하는 데 한 분이 말했다. "오늘 깜빡하면 예배 참석하지 못할 뻔 했습니다. 연장근무를 하고 있는데 북한 근로자가 '선생, 오늘 기도하러 가는 날 아닙니까? 가서 우리 공장 잘되게 해달라고 기도 해야지'라고 해서 허겁지겁 예배드리러 왔습니다." 이 이야기를 들으면서 저들도 함께 기도하는 날이 오게 해달라고 간절히 기도했다.

동역하는 목사님에게 감시원 동무가 묻더란다. "매번 예수에 대해서 말씀하시는데 실제로 계셨던 분입니까?" 감시하느라 들으면서, 말씀을 통해 변화되어 첫 번째 개성교회 북한 신자가 되기를 간절히 기도했다.

북한에서는 예수님이 실존의 인물이 아니라 꾸며낸 가상의 인물이라고 배웠단 다. 그래서 저들의 연호를 통해 저들에게 접근했다. 공단에는 북한 상품을 파는 곳 이 있는데. 그곳에서 물건을 산 남측 근로자가 95년이란 숫자를 보고 깜짝 놀라. 10년이나 지난 물건을 파는가 싶어서 물으니, 북한 판매원 이 대답했다. "선생님, 똑바로 보십시오. 이것은 주체 95년이라는 말입 니다. 수령님 탄생 기점으로 시작된 연호입니다. 이 물건은 얼마 전에 만든 물건입니다. 걱정하지 마십시오." 그래서 북한 사람들에게 물었 다. "서기 2010년은 누구 탄생을 기점으로 하는지 아십니까?" 그들은 "모릅니다"라고 했다. 이때를 이용하여 말했다. "그것은 예수라는 분 의 탄생을 기점으로 한 것입니다. AD가 뭔지 알아요? 예수 탄생 이후 라는 뜻입니다. BC는 예수 탄생 이전이라는 뜻이고요. 세상 모두가 이 연호를 쓰고 있다는 것은 예수님이 실존 인물이라는 것을 인정한다는 것입니다." 이렇게라도 간접적으로 예수님을 알릴 수 있어 감사했다.

한 번은 위험을 무릅 쓰고 북한 여성동무들을 위해 직접 기도한 적 이 있다. 허락 없이 남북 근로자가 함께 식사할 수 없었다. 몰래 식사를 같이 하다가 참사에게 들켜 어려움을 당한 사람도 있었다. 그럼에도 내가 직접 끓인 라면을 같이 먹자고 반강제로 식탁에 앉혔다. 사실 저들은 라면을 매우 좋아 한다. 라면을 앞에 놓고 기도하자고 하니 기도한 다음에 온다기에 바로 기도를 시작하였다. 감사기도 후에 결혼한 지 몇 년이 지나도 아이가 없는 동무를 위해 태를 열어 귀한 생명을 허락해 달라고 기도하였다. 기도한 다음에 서로 어색하기도 하고 염려도 되어 말했다. "혹시 나에게 무슨 일이 생기면 동무들이 고발한 줄 알거야"라고 하니 "아닙니다. 절대 그런 일 없습니다"라고 한다. 이에 또 한 번 못을 박았다 "혹시라도 고발하면 같이 기도했다고 너희들도 고발할거야"라고 했다. 식사 후 다가와서 말했다. "제가 임신이 되면 선생님이 기도한 그분이 도와주신 것이라고 알겠습니다." 할렐루야!

북한 출입사무소에서 출, 입경 통제를 맡고 있는 분이 있었다. 그분은 딱딱한 인상과는 달리 신앙심도 깊어 차량 앞자리에 늘 성경책을 두고 다녔다. 한 번은 북한 세관원이 가져다 읽고는 "이 책에 유명한 사람이 그렇게 많다던데 정말 그렇습니까?"라고 묻더란다. 어떤 경로든 복음이 전파되었으면 좋겠다.

남한의 간호사가 약봉지에 '예수 믿으세요!'라고 써가지고 와서는 어떠냐고 물었다. 좋은 생각이라고 칭찬해 주었다. 뜨거운 전도열에 가슴이 뿌듯했다. 순수한 열정에 박수를 보냈다. 주님께서 주신 지혜라고 믿는다.

건설회사에서 굴삭기 운전을 하는 한 선생은 자기 말 대로 사랑의 전도사 노릇을 하고 있었다. 묻지는 않았지만 언행에서 그리스도인 냄새가 났다. 병원을 찾는 발걸음이 매우 잦았다. 본인의 건강 때문이 아니고 북한 근로자들 때문이었다. 토목공사현장에서 일하다 보니 안전사고가 많은 모양이었다. 찢어지고, 깨지고, 붓고, 종기가 났다. 그러나 병원에 가자고 해도 오지 않자 그가 발 벗고 나선 것이었다. "오늘은 아무개가 어디를 다쳤습니다. 오늘은 아무개가 배가 아프답니다" 라며 약을 대신 타가면서도 보람을 느끼는 것이었다. 이런 분들이 바로 작은 예수라고 생각한다. 우리는 누구나 불쌍히 여기는 마음은 쉽게 가진다. 그러나 몸을 움직여 섬기는 것은 어렵다. 날이 더워 제 몸을 추스르는 것도 힘든데 남을 위해 다리품을 파는 것은 그렇게 쉬운 것이 아니다. 그기에 한 선생의 사랑의 발걸음은 아름다웠다. 복음 들고 산을 넘는 자의 발걸음이 아름답다 하지 않았는가? 이곳에서 직접 복음을 전할 수는 없지만 한 선생처럼 병원 봉사를 통해서 주님의 사랑을 전하리라.

건설회사의 한 선생은 늘 정겹다. 오늘도 병원에 들르면서 초콜릿을 사왔다. 부끄럽게 내미는 손이 아름답다. 예수님의 양과 염소의 비유에서 양들이 우리가 언제 그렇게 했느냐고 반문하고 있는데, 아마 그 이유는 한 선생처럼 했기 때문일 것이다. 그냥 그렇게 하는 것이 마땅한 것 인양, 그냥 그것이 일상이 되어서 베푸는 것조차 부끄러워하니까 그것을 다 잊어버리는 것이다. 이것이 진정한 사랑이 아닐까? 나도 여기서 그렇게 살리라 다짐해 본다.

술자리를 빌어 박 선생이 고백했다. 자기는 불교신자인데 대학교 신입생 때 원치 않게 기독교 모임에 참여하였다가 기독교에 대한 이미지가 부정적으로 형성된 것 같단다. 특히 기독교 지도자에 대한 편견이 자리 잡고 있었던 것 같단다. 그런데 이곳에 와서 나를 만나며 조금은 편견이 사라진단다. 생각한 것보다는 내가 편하고 무엇보다도 같은 사람(?)이라는데 놀랍다고 말했다. 바로 이것이 문제다. 기독교 지도자는 물론 일반 신자들도 세상 사람들과는 이질적인 존재로 비춰지고 있다는 것이다. 진정 인격적인 면에서, 그리고 생활면에서 구별된 모습을 보여 준다면 바람직하다. 그러나 형식적인 면에서, 소위 티를 낸다면 문제다. 그 사람이 싫어지면 그 사람이 전하는 것과 믿는 것까지도 싫어지기 때문이다. 결국 우리는 세상 속에 살아가는 존재다. 그러므로 먼저 관계가 중요하다. 신뢰를 얻는 것이 급선무다. 그리스도인은 세상 사람들에게도 매력적이어야 한다. 가까이 하고 싶은 존재가 되어야 한다. 싫은 사람들의 공동체에 누가 들어오고 싶어 하겠는가? 북한 사람들에게 매력적인 존재로 다가가고 싶다.

박 선생을 데리고 교회에 갔더니 예배 중에 사라졌다. 나중에 들으니 어색해서 도저히 앉아 있을 수 없더란다. 처음 나와 드리는 예배니 그럴 수밖에 없을 것이다. 계속 강권하여 데리고 올 것이다. 박 선생이 이곳에 있는 시간이 많지 않아 안타깝다(2005.9.11. 일기 중에서).

병원에 개성교회 운영위원이 봉투를 가지고 왔다. 휴가를 간다고 교통비를 주는 것이란다. 250달러다. 교회 운영위원들이 50달러씩 내어 모은 돈이란다. 눈물이 핑 돌았다. 생각지도 못한 일이라 너무 감사했다. 사랑으로 주는 돈이기에 부담보다는 기쁨이 앞섰다. 받으면서도 불편할 때가 있는데 이것은 전혀 그렇지 않았다. 행복한 휴가가 될 것 같다. 오랜만에 사람노릇 할 생각에 날아 갈 듯하다.

개성에서 신앙생활을 시작한 성도가 생전 처음 드린 기도문이다.

"하늘에 계신 사랑하는 하나님께, 저는 2004년 10월 28일, 이곳 개성 땅에 처음으로 입을 맞추었습니다. 저는 개성공단의 개성교회를 3년간 다니면서 처음이자 마지막이 될 하나님께 이렇게 믿음에 대하여 말씀을 드리고자 합니다. –중략– 이 땅에 하나님의 풍성하신 사랑과 은혜가 넘치도록 간절하게 기도드립니다. 북녘의 가정에 평화가 깃들고 믿음이 생기도록 기원하고 기도드립니다. 감사합니다."

기도형식을 무시하는 기도요, 백서 같은 내용이었지만, 그 어떤 세련된 기도보다도 감동을 받았다. 하나님께서도 기뻐 받으셨을 것이다.

의류업체의 이 실장이 병원에 왔다. 혈당검사를 마친 뒤 앉아서 지나온 과거를 꺼내 놓았다. 사업을 하여 잘 나가던 때도 있었단다. 그때 씀씀이가 커져 카드를 물 쓰듯 하다가, 2억 3천만 원이나 빚을 지게 되었단다. 이를 갚기 위해 미얀마에서 일했지만 여의치 않아 귀국했고, 이곳 소식을 듣고 부푼 꿈을 안고 왔단다. 그런데 북한 근로자들의 잘못을 적극적으로 지적하고 꾸짖었다고 인권침해라는 죄목으로 추방당하게 되었다고 한다. 그 답답하고 억울한 심정에 교회에 난생 처음으로 나오게 되었노라고 했다. 주님 앞에 나오게 된 것은 전화위복이라고 위로하고 간절히 기도하였다. "주여, 모든 것이 합력하여 선을 이루게 하소서!"

나는 개성교회를 트로이 목마라고 생각한다. 지금은 할 수 있는 일이 매우 제한되어 있다. 그러나 하나님이 기회의 문을 열어주시면 복음의 용사들이 나아가 어두움의 세력들을 물리치고 하나님의 나라를 건설할 것이다. 그런데 이제는 목마만 남고 용사들은 다 남한으로 내려왔다. 그래서 슬프다.

아프리카에서 십년동안 사역하였으나 한 명도 결실하지 못했다고 선교본부의 소환을 받았다. 무능을 질책하는 사람들에게 이렇게 말했다. "저는 남들이 가려고하지 않는 열악한 곳에서 저들과 함께 십년동안 살았습니다." 11년 동안 북한 사람, 한 사람도 전도 못하고 개성공단에서 무엇을 했느냐고 물으면 똑같은 대답을 할 것이다. "남들이 가려고 하지 않는 위험한 곳에서 북한 사람들과 함께 11년 동안 살았습니다."

목사라는 이유 하나로

현대아산 사무실에 가서 3달러를 주고 표를 사서 컨테이너에 있는 이발소에 갔다. 여자 이발사 두 명이 반가이 맞아주었다. 40대 중반의 아줌마가 머리를 깎아 주었다. 머리를 깎는 동안 "처음 보는 얼굴인데 어디서 왔습니까?"라고 물었다. 병원에서 왔다하니 팔다리가 저릴 때 집에서 어떻게 치료할 수 있느냐고 물었다. 내가 의사라고 생각한 것 같았다. 행정담당이라 하니 "인력을 관리하시는구나"라고 했다. 그리고 의외의 말을 했다. "선생님은 기독교 냄새가 많이 납니다." 나는 뭔가 잘못하다 들킨 양 깜짝 놀라 잠시 머뭇거리다가 남한에는 기독교인이 많다고 말머리를 돌렸다. 별 이야기도 아닌데, 긴장하면서도 목사 냄새가 난다는 말에 기분이 나쁘지는 않았다.

목사라는 정체가 자연스럽게 드러나 어려움을 겪었다. 병원에 치료받으러 온 개성교회 교우가 목사님이라고 부르는데 마침 내 뒤에 북한 의사가 서있었다. 영락없이 목사라는 사실이 드러난 것이다. 북한 의사가 물었다. "목사요? 어디서 목사를 합니까?" 아무 대꾸도 안했다. 그 후 남한에 갔다 오면 그런다. "남한에서 기도활동 많이 하고 왔습니까?"

한 분이 북한 참사들과 서 있다가 나를 보자 "목사님!"이라고 불렀다. 나는 못들은 채 돌아섰다. 그랬더니 "아니, 부원장님!"이라고 하였다. 부원장은 곧 목사님이라고 공개적으로 선포한 꼴이 되었다. 이런 일이 있은 후 정보가 들어갔는지 북한 출입사무소의 과장이 병원에 와서는 "김 선생은 의사도 아니면서 병원을 지킵니까?"라고 뼈있는 소리를 하고 갔다. '정체가 드러나 어떻게 되는 것은 아닌가?'라는 걱정이 밀려온다.

후송환자와 이야기 중 그리스도인임을 알고 이곳에서 예배를 드리고 있는 사실을 알려 주었다. 그러자 "목사님입니까?"라고 물었다. 그렇다고 대답을 했다. 바로 그때 약제실에서 걸레를 빨던 마트의 북한 직원이 나왔다. 가슴이 철렁했다. '목사라는 신분이 드러나는 것은 아닌가?'라고 걱정하고 있으니 남한 근로자가 지혜로운 제안을 했다. "누가 뭐라면 목사가 본명이라고 하십시오. 그리고 아예 명찰에 '김 목사'라고 써서 달고 다니십시오"라고 하였다. 웃음이 나오는 그럴듯한 제안이다. 그러나 용기가 없어서 실행에 옮기지는 못했다.

관리위원회 직원이 매스컴과의 접촉이 있을 때 교회 문제에 대해서는 조심스러운 발언을 해줄 것을 요청했다. 얼마 전 경제신문에 마트점장 인터뷰가 나갔는데 본인의 의사와는 상관없이 북한 여직원들이 남한 배우와 가수를 좋아한다는 기사가 실려 논란이 되고 있단다.

내가 어제 밤에 야참을 먹어서 아침을 안 먹었다고 하니 "전도해서 먹었네요"라고 유 동무가 말했다. 깜짝 놀랐다. 전도해서 먹었다니? 떨리는 마음으로 "무슨 말이야?"라고 물으니, "어제 밤에 오늘 아침을 미리 당겨서 먹었다는 뜻입니다"라고 하였다. 자라보고 놀란 가슴 솥뚜껑 보고 놀란다고 하더니 내가 그 꼴이 되었다. '전도'라는 말에 지레 겁을 먹은 것이다. 여기서는 목사가 둘도 없는 죄인이다. 늘 '도둑이 제 발 저린다'라는 말을 실감하면서 살고 있다.

내부고발로 북한 출입사업소에서 2개월간 출입금지를 당했다. 왜 목사가 병원에서 근무하느냐가 출입금지의 이유이다. 그런가하면 왜

교회에 다니고 사람들을 만나 상담이나 하고 무엇 때문에 공단에 출입하느냐? 출입목적을 속인 것 아니냐며 잘못을 인정하며 다시는 그러지 않겠노라고 사죄문을 쓰라고 해서 할 수 없이 쓰기도 했다. 목사라는 이유로 늘 불안한 마음으로 사역하였다. 그럼에도 추방당하지 아니하고 사역 할 수 있었던 것은 하나님의 특별하신 은혜였다.

개성 있는 사람

광야와 같은 개성에도 사람들이 살아가는 풍성한 이야기 거리가 있다. 이곳에는 별의별 사람이 다 있다. 여러 종류의 사람을 만나는 것은 긴장도 되지만 재미 또한 있는 일이다.

건설회사의 이 선생도 참 좋은 사람이다. 병원의 전기시설이 고장 나면 언제고 달려와 고쳐주는 순수한 분이다. 오늘은 탁구를 함께 쳤다. 나보다는 한 수 위인데 잘하면 따라 잡을 수 있을 것 같다. 땀을 흠뻑 흘리고 돌아오는 길에 하늘을 보니 달무리가 졌다. 내일 날씨가 좋지 않으려나? 병원직원들은 모두 달무리를 처음 본단다. 하기야 대도시에서는 달무리를 볼 기회가 없는 것이 당연하다. 금성이 밝다. 저기

북두칠성도 보인다. 이곳도 같은 하늘아래 있는 것만은 틀림없다. 공단 내 유일한 부부인 김 선생 내외가 살가운 모습으로 산책을 나섰다. 박 간호사와 나는 "짜증나는데 같이 산책할까?"하며 웃었다(2015.5.21. 일기 중에서).

북한 근로자들이 처음 보는 양변기를 사용할 줄 몰라 문제가 많았다. 처음 사용하다보니 변기위에 올라 앉아 일을 보는 사람도 있었다. 그리고 화장지를 아무리 공급해도 계속 없어졌다. 저들에게는 화장지가 없기 때문이다. 나도 옛날에 호박잎을 사용하다 상처가 난 경험이 있다. 그런데 부드럽고 고급스러운 화장지를 보니 환장을 했던 것이다. 모두 가져가 비치한 화장지가 없으면 신발공장에서는 운동화에 넣을 스펀지로 일을 처리하고 넣어서 변기가 막히는 소동이 매일 일어났었다. 해도 해도 너무한다.

북한 근로자들은 아무리 실력 있고 유능해도 낮은 계층이면 승진이 안 된다. 북한에는 분명한 계층이 존재한다. 대부분 중요한 직책과 한가로운 직책은 당원이 맡는다. 인사기록에 보면 북측 근로자 이름 앞에 번호가 붙여져 있다. 당원이 1번이다. 북한 사람들은 모이면 엄격히 서열이 정해져 있다. 그것을 넘어설 수 없다. 계층에 따라 같은 일을 해도 임금이 다르다. 생활수준도 다르다. 옷차림도 현격히 차이가 난다. 북한 근로자 중에는 쌍 꺼풀 수술을 한 사람도 있고 치아 교정기를 착용한 사람도 있다. MP3를 끼고 음악을 듣는 사람도 있다. 가전제품을 제대로 갖춘 집도 있다. 은행의 김 동무는 전자밥통도 있다고 자랑한다. 국가유공자 자녀란다. 계급 타파를 위해 노동자 혁명을 일으킨 체제가 오히려 계급을 심화시켰으니 이해할 수 없는 일이다.

북한 여성동무가 남한에서는 들어보지 못한 말을 한다. "남의 염병보다 내 고뿔이 더 신경 쓰인다." 그렇다. 남이 아무리 큰 고통을 당하여도 그것은 남의 일이다. 나와는 상관없는 일이다. 내가 당하는 고통은 아무리 작아도 크게 느껴지는 것이다.

고기 구어 먹는 자리에서 술 취한 어른들이 남한 간호사를 보고 "저렇게 작은 여자가 품안에 잘 안기고 좋다"라고 한다. 이에 신발공장 본부장이 "나이 먹은 사람들이 뭔 짓이냐"고 야단을 쳤다. 여자가 없는 동네다 보니 간호사가 늘 표적이 된다. 늙으나 젊으나 남자란 똑같은 것 같다.

휴가 갔던 김 간호사가 들어 왔다. 새로 온 의사는 말이 없고 썰렁했는데 김 간호사가 오니 왠지 훈훈해지는 느낌이다. 삭막한 곳이라 그런지 아가씨가 오니 마트 총각들과 식당 직원이 찾아와 병원에 갑자기 활기가 넘친다. 은행의 직원도 김 간호사가 입경했느냐고 묻는다. 이곳에는 아무래도 여자가 환영받는다. 참 신기한 일이다. 그래서 남녀가 함께 살아야 하는가 보다.

　남한 간호사가 내려가 친구 한명을 더 데리고 온다고 하니 관심들이 많다. 남한 의사가 말했다. "남자들끼리만 있으니 환자가 없는 것 같아. 내일 아가씨들이 오면 환자들 몰려오겠지. 새로운 아가씨 구경삼아서라도..." 이곳은 군대 같아서 여자 구경하기가 힘들다. 그래서 관심이 많다. 물론 북한 아가씨들은 많이 있다. 그러나 가까이 하기에는 너무나 먼 당신이다. 대화가 쉽지 않기 때문이다. 마트 점장에게 물었다. "함께 일하는 북한 여성동무들은 어때? 예쁜데 사귀고 싶지 않아?" 고개를 흔들며 "여자로 느껴지지 않습니다"라고 한다. 이해가 된다.

　마트 점장이 한숨을 쉬며 말했다. 북한에서 세금을 받는데 수익에 대하여 징수 하는 것이 아니라 매출액에서 몇 %를 징수한단다. 매출상품 중 술, 담배가 대부분을 차지하는데 그것은 면세품이라 이윤이 작아 걱정이란다. 개성공단에서는 걱정거리도 다양하다.

　마트 기사를 통해 생달걀 한 줄을 간호사가 받았다. 조류독감 때문에 절대 반입금지 품목인지라 몰래 삶아 두 알을 먹었다. 귀한 것을 몰래 먹어서 그런지 정말 맛있다. 이곳에서는 별게 다 특식이다.

　오늘은 한 끼도 식당에서 먹지 않았다. 아침은 컵 국수로 때우고 점심은 마트에서 과잉 주문해서 남은 삼각 김밥을 많이 주어서 그것으로 해결했다. 저녁도 남은 삼각 김밥을 끓는 물에 먼저 풀고 거기에다 라면을 넣어 함께 끓이니 그야말로 둘이 먹다 하나 죽어도 모를 맛있는 음식이 탄생했다. 이렇게 맛있는 음식은 난생 처음이다. 포만감에 기쁘다(2006.1.10 일기 중에서).

SKY LIFE를 달았다. 숙소에 살림살이가 늘어난다. 편해지고 풍성해지면 보람은 떨어진다. 어렵고 힘겨운 상황 속에서 봉사의 빛은 더욱 빛나는 것이다. 몸이 편해지면 긴장이 풀리고 순수성이 희박해지는 것이 인간의 모습이다. 그러나 좋다. 일본어 연습이 가능하기 때문이다. NHK 방송이 나와 뒤늦게 배운 일본어 공부를 계속할 수 있게 된 것 만으로도 기쁘다. 개성광야는 남한에서는 누릴 수 없는 소소한 기쁨을 주어서 좋다.

의류업체의 창고 SALE에서 몇몇 기관들이 북한 아가씨들에게 옷을 사준 모양이다. 이 소식을 접한 마트의 여성 동무들이 우리는 안 사주느냐고 점장에게 항의를 했단다. 그렇다. 저들은 남한 사람들이 다 부자라고 생각한다. 돈이 남아돌아서 사 달라면 다 사줄 것이라고 착각하고 있다. 그랬으면 얼마나 좋을 까!

의류 공장에서 처음으로 패션쇼를 했다. 회사모델인 유명연예인과 모델들이 개성공단에 오자 남한 근로자는 물론 북한 근로자들도 난리다. 날씬한 모델들에게 시선을 빼앗긴 것 같다. 북한에서는 패션쇼라는 개념이 없기에 '피복전시회'라고 했다. 모델이라는 말도 처음 듣는다며 무슨 뜻이냐고 묻는다. 새 옷을 입고 선전하는 직업이라고 소개하니 고개를 끄덕인다. 모델들의 걸음걸이를 보며 북한 참사들의 눈이 커진다. 한동안 눈에 아른거릴 것이다.

북측 아줌마가 깎아주는 이발소에 갔다. 이발 후 면도를 하겠냐고 물었다. 좋다고 했다. 오래간만에 해보는 얼굴 면도다. 그런데 남한에서 해주는 것처럼 깨끗하지는 않다. 이발을 하며 북한 이발사에게 북한의 남녀가 연애할 때 손목을 잡느냐고 물어 보았다. 잡기는 잡는데 낮에는 안 잡고 날이 어두워지면 잡는단다. 더 걸작은 그렇게 잡는 것은 살을 느끼기 위함이 아니라 넘어지지 않기 위함이란다. 여자는 넘어져도 다시 일어나려고 더 꼭 잡는단다. 전기가 없는 북한의 현실을 반영한 이야기라 웃으면서도 한편으로는 가슴이 찡하다.

북한에서도 혼전 성관계는 허용되는데 우리처럼 임신한 채로 결혼은 아직은 안 되는 모양이다. 남한 직원이 북한 아가씨에게 농담조로 물었다. 여기는 모텔이나 여관이 없는데 어디서 아이를 만드느냐고 하니 한참 망설이다가 얼굴이 붉어지며 말했다. "우리는 뚝방에서 합니다." 불타는 사랑을 어디선들 못 나누랴?

약품을 전달하고 북한 참사들과 함께 식사를 했다. 남한의 인사들과 북한의 참사들 사이에 술잔이 오고가면서 분위기가 무르익자 한 참사가 짙은 농담을 한다. "'오삼주'가 나왔는데 '오삼'이 무언지 아십니까? '오삼'이란 인삼, 산삼, 해삼에다가 중삼, 고삼이 더해진 것입니다"라고 했다. 모두가 뒤집어 졌다. 남한에서도 감당하기가 벅찬 수준이다.

농담의 수위는 점점 높아졌다. 남측 인사 중 한 분이 고향이 평북 정주인데 왜 남한으로 내려갔는지 아느냐 물으니 북한 참사가 주저 없이 "공산당이 싫어서 내려갔지"라고 했다. 예상치 못한 농담에 모두가 배꼽을 잡고 웃었다. 그의 당찬 여유에 놀랐다. 북한 참사의 입에서 그런 말이 나오리라고는 전혀 생각하지 못했기 때문이다. 참으로 알다가도 모를 곳이다. 과연 그런 농담을 할 수 있는 곳인가? 이것이 알려져도 괜찮을까? 걱정이 된다.

북한은 고위직일수록 여유가 있고 자연스럽다. 협력부장이 병원에 와 치료 받고 간식을 주자 가슴이 뭉클하다고 해서 함께 웃었다. 감동적 치료를 할 수만 있다면 이 보다 더 좋을 수는 없다.

신년이 되면 북한 사람들은 3개 신문의 공동사설을 암기하느라 진땀을 뺀다. 신문 한 장을 빼곡히 채운 사설을 암기한다는 것은 매우 힘든 일이다. 학생시절 국민교육헌장 암송하는 것도 힘들었는데 그 보다 몇 배 많은 것을 외우는 것은 고통이다. 특히 나이 먹은 사람들에게는 중노동임에 틀림없다. 그런데 북한 사람들은 아직도 아날로그 시대에 살고 있어서 그런지 우리보다 암기력이 뛰어나다. 평소에도 아침에는 독보회(**새로운 소식이나 전달사항을 읽어주는 일종의 조회**) 그리고 저녁에는 생활총화시간으로 늘 긴장되어 있는데 사설까지 암기하느라 힘든 모습이다.

냄비공장 기사가 병원의 안과 기구를 말없이 오랜 시간 고치고 있었다. 내가 물었다. "인내심이 본래 있어서 그런 일을 하십니까? 아니면 일을 하다 보니 인내심이 생긴 건가요?" 대답이 걸작이다. "인내심이 많아서 하나요? 성질나니까 끝까지 하지요." 그렇다. 무슨 일이든 끝까지 하는 것이 중요하다.

김 선생이 '요로결석으로 정상 활동이 어려움'이라는 진단서 내용을 보며 "정상 활동이 어려우면 비정상적 활동을 하면 되겠네"라고 했다. 맞는 말이다. 우리가 너무 정상적으로 살려니까 살기 어려운 것 아닐까?

북한 여직원이 칼에 손이 베어 병원에 와 일곱 바늘이나 꿰맸다. 병원 옆 마트에 근무하는 최 동무가 상처를 보고는 너무 놀라 졸도했다. 김 동무는 밥을 못 먹고 숙소에 누워 있단다. 내 생각으로는 북한 아가씨들이 모두 용감한 줄 알았는데 의외로 약한 모습에 놀랐다. 체제는 달라도 여자는 여자인 것 같다.

병원의 고장 난 수술 침대를 남측의 직원이 깨끗하게 고쳐놓았다. 고맙다고 인사 하니 "이 정도는 기계도 아닙니다. 사람 속은 몰라도 기계 속은 아니 걱정 하지 마세요"라고 했다. 지당하신 분부이다.

현대아산 대리는 노래방에서 '삼 곡 일 배'라고 말한다. '삼 보 일 배'는 들어 본 적이 있지만 '삼 곡 일 배'는 처음 들어 보는데 무슨 뜻이냐 물으니 노래방에서는 노래 세 곡 부르고는 한 잔을 꼭 해야 된다는 뜻이란다. 재미있는 말이다.

북한 사람들은 열심히 일해도 자기 것이 되지 않으니 열심히 하지 않고 요령을 피울 수밖에 없다. 군대처럼 앞에서 하는 척하고 시간만 때우면 된다. 우리 보고 왜 그렇게 열심히 일하는지 이해가 안 된다고 한다.

남한에서는 밭을 맬 때 한 사람이 한 고랑씩 맡는다. 서로가 경쟁이 되어 게으름을 피울 수가 없다. 그런데 북한에서는 한 고랑에 열 명이 달라붙는다. 함께 하기 위해서란다. 몇 사람만 열심히 하고 어떤 사람은 담배 피우고 앉아 있고, 심지어 누워있는 사람도 있다. 그러니 하루 종일 한 고랑도 매지 못한다. 사유재산을 허락하지 않으니 동기유발이 되지 않고 그래서 생산성이 떨어지는 것이다.

북한 근로자들은 늦게 출근하고 일찍 퇴근한다. 병원화장실 공사를 하는데 북한 근로자 두 사람이 3일 동안 일했다. 이를 지켜보던 남한 근로자가 혀를 차며 말했다. "젠장, 남한 근로자 한 사람이 해도 반나절이면 할 일인데, 놀고 있네." 환장할 노릇이다.

북한 세관원이 불렀다. 약을 좀 달라는 것이다. 약을 가지고 가니 모자를 벗었다. 약봉지를 건네주니 모자 속에 얼른 넣고 모자를 썼다. 평소 모자가 왜 저렇게 높을까 생각했는데 오늘에야 그 의문이 풀렸다. 그렇게 깊은 뜻이!

제화공장의 북한 근로자가 손가락에 자상을 입었다고 약을 달라고 했다. 상태를 모른 채 약만을 줄 수 없어 의사와 함께 왕진을 갔다. 가서 치료하려고 하니 환자는 원하는 눈치인데 주위 분위기가 좋지 않아 치료를 거부했다. 그래서 간단한 소독만하고 돌아왔다. 마음이 무겁다. 그리고 화가 난다. 참사들은 자유롭게 와서 치료받고 약도 가져가는데 왜 일반 근로자들은 치료를 못 받는가?
마트의 최 동무가 서 간호사의 머리를 빗겨주었다. 마치 다정한 자매 같았다. 저들의 모습 속에서 어떤 경계심이나 적대감을 발견할 수 없었다. 그저 정겨운 이웃일 뿐이다. 이렇듯 아무런 계산도 하지 않는 순수한 만남이 이 땅을 풍미해야 하리라. 그러지 않고서는 통일은 없다. 통일이 된다고 하더라도 갈등만 커질 뿐이다. 노랗게 물들인 간호사의 머리를 보며 최 동무가 한 마디 했다. "언니, 다음에 올 때는 본래의 색깔로 물들이고 오세요." 보기에 좋지 않은 모양이다. 머리를 노랗게 물들이는 것은 북한에서는 상상조차 할 수 없는 일이다. 사실 나도 머리 물들이는 것을 좋아하지 않는다. 있는 모습 그대로 사는 것이 자연스러운 것이고 아름다운 것이다.

마트의 김 동무는 알 수 없는 아가씨다. 내가 한 방 먹었다. 마트의 부점장이 와서 뜻밖의 소식을 전했다. 김 동무가 쌍둥이란다. 즉시 가서 물으니 그렇단다. "그럼 피곤하면 동생을 대신 오게 하면 되겠네"라고 했더니, "점장 있을 때 이미 두 번 왔어요. 그 때 동생 보고 점장이 김 동무 하루아침에 키가 커지고 행동도 달라졌다고 말했대요"라고 했다. 내가 듣고 깜짝 놀라니 귓가에 속삭였다. "선생님, 모두 거짓말입니다. 선생님만 알고 계십시오." 도무지 알 수 없는 아가씨 때문에 오랜만에 한바탕 웃었다.

KT에 근무하는 북한 여성동무가 얼굴에 있는 점을 뺐다는 소식을 들었다. 새로 올 아가씨가 은근히 신경 쓰인다고 하더니 '미의 경쟁'에 뛰어든 거 아니냐며 함께 웃었다. 들자하니 어디나 여자는 여자인 것 같다. 은행에도 새로 온 직원에게 잘해주면 시샘하고, 병원에서도 모두 강 동무를 예쁘다고 칭찬하니 유 동무의 표정이 좋지 않다.

남북 아가씨들이 한자리에 모여 재잘거렸다. 남한 간호사와 북한 아가씨는 진지하게 대화를 이어갔다.

"김 동무, 살 빠진 것 같아. 특히 볼 쪽이 빠진 것 같아."
"언니는 어때? 빠지지 않았어?"
"안 빠졌어. 좀 빼야 되겠는데."
"언니, 살 까는 데는 안 먹는 것이 최선의 방법이에요. 나는 0.5kg이나 깠어요."

남이나 북이나 여자들의 관심은 몸매에 있다. 남한은 온통 살빼기 전투에 동원되고 있다. 그러나 북한은 거리가 멀다. 먹거리가 충분하지 않아 굳이 살을 빼려고 노력하지 않아도 된다. 그런 면에서는 북한 아가씨들이 더 행복한지도 모른다. 개인 생각이지만...

은행의 김 동무가 예전에 사람들이 적을 때는 병원에 모여 재미있게 지냈는데 지금은 사람들이 많아 그러지 못한다고 불평했다. 그리고 내년 쯤 결혼했으면 좋겠다고 한다. 내년이면 24살이다. 남한에서는 결혼을 생각조차 안 할 나이지만 이곳에서는 다르다. 옛날 남한처럼 아가씨 나이 24살이면 금값이란다. 27살이 넘으면 중매도 들어오지 않는다고 한다. 연애결혼은 거의 없고 중매가 대부분인데 소개받은 지 1, 2개월 사이에 결혼한단다. 남녀의 차이는 보통 두세 살 남자가 연상인 것을 선호한단다. 이혼은 거의 안 하는 편이라고 한다. 정말 싫으면 백에 하나 정도 이혼한다고 한다. 남한과는 사뭇 다른 결혼 풍습이 흥미롭다.

은행의 김 동무가 결혼식을 앞두고 몸매에 신경을 많아 쓰는 것 같다. 매일 체중계에 올라 몸무게의 변화에 민감하게 반응한다. 북한에서는 비만에 대해 걱정이 없을 것 같은데 말이다. 여자들이란 어디나 마찬가지인 모양이다. 결혼식 선물을 주어야 하는데 무얼 할까? 주면 받을까? 벌써부터 걱정이다.

오늘은 은행의 김 동무가 시집가는 날이다. 남한 같으면 결혼식에 참석할 것인데 안타깝다. 위해서 기도할 뿐이다. 개성에서는 결혼 전에 김일성 동상을 참배하고 결혼 후에도 또 참배한다. 그리고 고려박물관을 가는 것으로 신혼여행을 대신한다. 결혼선물을 무엇으로 해야 하나, 아무거나 줄 수도 없고 주어도 가지고 갈지도 모르고, 돈을 주자니 그렇고 머리만 복잡하다. 세상 어디 이런 곳이 있을 까?(2006.4.2. **일기 중에서**).

북한은 출산휴가가 150일이다. 그런데 한 여직원이 휴가를 갔다가 한 달 반 만에 나왔다. 유산이 되었기 때문이란다. 유산되는 여성들이 많은 것 같다. 그 이유는 환경이나 영양 문제일거라고 추측 된다. 그러나 북한에서는 공단의 일을 핑계로 댄다. 그러나 이곳에서는 일보다 출퇴근이 힘들어 유산되는 경우가 많단다. 개성에서 일할 때는 최소한 집에서 30분 거리에 직장이 있어 출퇴근이 용이했는데 이곳에 오려면 걷고, 버스 타고 1시간 30분 정도 걸리기 때문이란다. 점심시간도 두 시간인데 여기서는 한 시간 밖에 안 되고 더 큰 문제는 집에 돌아가서도 노력동원 되는 것이다. 그리고 휴일에도 쉬지 못하고 온갖 전투에 동원되고 저녁에는 생활총화에 참석하려니 힘들 수밖에 없다. 거기에다 먹는 것은 시원찮으니 유산이 될 수밖에 없다는 것이다. 안타까운 일이다.

북한 근로자 가운데 아버지가 회갑이어서 남한 직원이 축하선물을 주었다는 이야기를 했다. 이곳에서는 남한의 옛날처럼 회갑이 되면 오래산 것으로 여겨 축하한단다. 남한에서는 회갑이면 아직 청년이다. 이쪽에도 그런 날이 왔으면 좋겠다.

남한 직원이 자전거에 대해 불평했다. 남한에서 북한 근로자에게 주라고 1000대의 자전거를 보내왔단다. 이것을 각 공장에 분배했는데 시간이 꽤 지났는데도 아직 개인에게 분배하지 못하고 있단다. 이유는 여러 가지란다. 근로자 수에 비해 자전거 대수가 턱없이 부족하단다. 그리고 "줄라면 다주어야지 누구만 주면 되느냐? 앞에 헤드라이트가 없다. 여자가 타기에는 안장이 불편하다" 등의 불평이 많단다. 그러면서 남한 직원이 "주고도 말 들을 바에야 뭐 하러 줘. 대당 10만원이라는 사실을 알고 내가 얼마나 놀랐는데, 지금도 회의 중이니 언제 개인에게 돌아갈지 몰라. 알면 알수록 정 떨어지는 사람들이야"라고 불평했다. 왜 아니겠는가? 주는 것도 힘드니 말이다.

이곳에서는 산책하는 것도 북한 사람들에게는 화제 거리다. 내가 매일 노란 손수건을 머리에 두르고 걷는 것을 보고 수근 거린단다. 어느 회사 법인장이 "북한 근로자들이 병원부원장이 머리에 이상한 것을 쓰고 걷는다"라고 하더란다. 양손에는 빨간 아령을 들고 걸으니 더욱 신기하게 보였을 것이다. 그러지 않아도 배 꺼지게 왜 걷나 싶은데, 요상한 모습으로 걸으니 더 그랬을 것이다. 하기야 우리도 어릴 때 뛰어놀면 어른들이 "얘들아 가만있어라. 배 꺼질라"라고 하지 않았던가? 그리고 미군들이 땀 뻘뻘 흘리면서 조깅하는 모습을 보고는 "비싼 밥 먹고 왜 저러나?"라고 했던 생각이 나서 씁쓸하다.

미운 놈 떡 하나 더 준다는 속담의 진실을(?) 이곳에서 알게 되었다. 우리에게 인사권이 없어 미운 놈인데도 어찌할 수 없다. 아무리 교

개성공단에서 십일 년

체를 요구해도 아무런 반응이 없을 때 하는 일은 미운 놈에게 떡 하나 더 주는 것이다. 남보다 관심을 갖고 잘 대해 주고 선물을 사다 주면, 남한 사람이 무엇 때문에 너만 잘해 주느냐 의심스럽다며 저들이 알아서 정리 해준다. 이 속담에 그렇게 깊은 뜻이 있는 줄 미처 몰랐다.

김 선생이 일을 저질렀다. 병원에 있는 것이 답답했는지 휴진 시간에 카메라를 들고 나가 북한초소 앞에서 사진을 찍다가 들켰다. 호루라기를 불자 당황해서 도망치다 군인들에게 잡혀 카메라를 빼앗겼다. 그리고 단독조서에 서명을 했다. 총국을 통해 출입국사무소로 카메라가 전해졌다. 카메라를 찾으러 의사와 함께 출입사무소에 갔다. 담당 과장이 의사를 향하여 "돈을 얼마나 받았니? 그렇지 않으면 군사시설을 왜 찍어? 추방시킬까? 쇠고랑을 채워 끌고 갈까?"라고 했다. 내가 왜 그러냐고 하니 "당신은 가만히 있어"하며 소리쳤다. 김 선생 얼굴은 파랗게 질려있고 온 몸은 바르르 떨고 있었다. 내가 계속 선처를 부탁하자 "토론한 다음에 알려 주겠다"고 해서 돌아 왔다. 얼마 후 출입사무소에서 다시 오라고 연락이 왔다. 이번에는 더 강도 높은 심문을 받았다. "부원장이 가담해서 찍었지? 얼마 받고 찍었어?" 김 선생이 제대로 말을 하지 않으니 "조선말을 왜 못 알아들어. 의사 맞아? 보니까 진료는 하지 않고 노트북 가지고 영화 보고 있던데 관광하러 왔나?"라고 하며 약을 꺼내서 "이것이 무슨 약이야?" 라고 묻는 말에 김 선생이 잘 모른다고 하자, "의사가 아니잖아"라고 하며 인격 모독적 발언을 했다. 내내 반말이고 조롱하는 투의 말투였다. 듣는 내내 분노가 치밀었다. 그래도 참아야 하는 상황이 안타까웠다. 분위기와는 다르게 "총국에서는 당장 추방시키고 카메라는 압류하라고 했지만 옆에 가까이 있고 부원장 얼굴 봐서 좋은 방향으로 토론을 끝냈어"라고 하며 카메라를 돌려주었다. 미리 써가지고 간 사죄문에 소속, 생년월일, 이름을 쓰게 하고 지장까지 받았다. 아직도 김 선생의 얼굴은 새파랗게 질려 있다. 봉사하러 왔다가 실수로 큰일 날 뻔 했다.

의류업체의 오 실장이 병원에 왔다. 그런데 오늘 북한근로자 70명이 결근했단다. 그 이유는 청명이라고 산소에 성묘하러 갔단다. 한 번에 많은 사람이 무단결근을 해서 화를 내었더니 북한 근로자가 "남한은 조상도 없습니까?"라고 하더란다. 할 말이 없다.

북한 의료진이 남한 병원에 자주 와서 교류를 했다. 북한 진료소 소장과 간호사가 와서 눈 검사 기계를 배우고 갔다. X-RAY는 이제 협력진료가 자연스럽게 이루어진다. 그렇다. 이렇게 가는 것이다. 강제로 협력합시다가 아니라 저들의 필요에 따라 차츰 자연스럽게 교류하는 것이다.

북한 군인이 병원에 약 타러 왔다가 한 마디 하고 갔다. "히틀러가 이발사에게만은 깍듯이 했는데 그것은 목숨이 달려 있기에 그랬습니

개성공단에서 십일 년

다.” 이 소리를 듣고 뭔가(?) 말을 하려다가 입을 다물었다.

마트의 김 동무는 잠에 중독된 듯 병적인 모습을 보였다. 서서도, 기대어서도, 앉아서도 틈만 나면 잤다. “자는 동안 눈물이 흐르는데 그 이유가 무엇입니까?”라고 물었다. 대답이 궁하여 침묵하고 있는데 최 동무가 “애인한테 차여서 우는 것이지”라며 농을 날렸다. 가끔 터뜨리는 최 동무의 웃음폭탄이 메마른 대지 위를 적시는 단비처럼 느껴졌다.

화장품 용기를 만드는 공장에 일본인 부사장과 한 자리에 앉아 식사를 하며 많은 이야기를 나누었다. 조깅 이야기를 필두로 한국음식에 대하여 물었더니 맛있고 먹을 만 하다고 했다. 맵지 않느냐고 하니 조금 맵지만 괜찮다고 했다. 한류 붐으로 일본인들도 한국음식을 많이 먹는다고 하였다. 김치가 어떠냐고 했더니 일본김치와는 다르다고 했다. 그런대로 대화가 되는 것을 보고 은근히 기뻤다. 지난 1년간 오키나와에서 지낸 결실이다. 뒤늦게 모험하지 않았더라면 새로운 언어 습득은 못했을 것이다. 새로운 경험은 모험하는 자에게 주어지는 보너스 같은 것이다. 개성 공단행도 역시 모험이다. 새로운 모험을 통해 또 다른 보너스가 주어지리라 기대하고 있다.

의사와 간호사가 개성 시범관광에 따라 나섰다. 1차로 500명을 실은 14대의 관광버스가 줄지어 지나갔다. 대부분이 개성에 고향을 둔

노인들이다. 얼마 만에 밟아보는 고향이란 말인가? 감회가 새로울 것이다. 흥분도 될 것이다. 그리고 너무 열악한 고향땅을 보고는 실망도 크고 가슴도 아프리라. 그럼에도 고향 땅을 밟으니 얼마나 기쁠까? 손을 흔들며 바라보는 나도 덩달아 기뻤다. 하루속히 자기 고향을 자유롭게 드나드는 그날이 오기를 기도한다(2005.8.26. 일기 중에서).

다행히 비가 오지 않아 개성참관에 지장이 없을 것 같다. 박연폭포는 가지 않는다고 하니 포기한 사람들도 있지만 버스 5대에 사람들이 꽉 찼다. 그나마 개성시내 참관이 휴일의 유일한 돌파구이기 때문이었다. 개성시내를 접어드니 시범관광을 위해 준비한 흔적이 여기 저기 보인다. 시범관광에 그렇게 많이 돈을 받는 이유도 환경미화, 도로포장에 비용이 들어갔기 때문이란다. 한두 번 온 사람들이 많아서인지 구경은 뒷전이고 쇼핑에 여념이 없다. 추석을 앞두고 있어서 선물을 주로 술을 산다. 그림을 사는 사람도 많다. 비싼 것은 몇 백 달러이고 몇 십 불하는 것도 있다. 일단의 외국 관광객들이 있어 물었더니 유럽에서 중국을 거쳐 왔단다. 오늘은 골프여행이란다. 들기로는 북한에는 평양에 골프장이 단 1개 있단다. 저들이 이곳에 와서 무슨 생각을 하고 갈지 궁금할 뿐이다(2005.8.28. 일기 중에서).

오늘 2차 개성시범관광에 응급차가 징발(?)되었다. 노인들이 많아 응급상황이 생길 때 후송하기 위한 것이었다. 내가 기사로 나섰다.

나가보니 관광객 중에는 적십자 총재가 눈에 띄었다. 내가 잘 아는 장로님의 동생 분이기에 반갑게 인사를 나누었다. 장로님은 여전히 병상에 있음을 확인했다. 드디어 버스 14대의 꽁무니에 붙어 관광에 나섰다. 먼저 오전 조를 따라 말로만 듣던 그 유명한 박연폭포를 향하였다. 개성시내를 통과해 평양까지 이어지는 고속도로에 올랐다. 판문점에서 평양까지 이어지는 고속도로인데 우리 일행 외에는 차량통행이 전무했다. 고속도로를 벗어나 꾸불꾸불 산길을 따라 드디어 박연폭포에 도착했다. 개성에서 25km 떨어진 곳이다. 버스 주차장에서 600m 정도 올라가니 장엄한 물줄기가 거침없이 쏟아지고 있었다. 높이가 35m 정도란다. 앞에는 맑은 호수가 펼쳐져 있다. 여기저기서 탄성이 울려 퍼졌다.

호수 가운데 바위에는 다리가 이어져 있었는데 거기에는 황진이가 머리를 풀어 썼다는 시가 새겨져 있었다. 송도 삼절하면 서 화담, 황진이, 박연폭포 아니던가? 바위 위에 앉아 떨어지는 물줄기를 바라보고 있노라니 최면에 빠지는 것 같았다. 와

서 알게 된 것인데 박연폭포를 시작으로 천연요새인 산성이 이어져 있다는 사실이다. 성문을 통과하여 30분가량 올라가니 관음사라는 절이 나왔다. 대웅전 안의 부처 앞에 엎드려 절하는 관광객들이 보였다. 개성이 고향인 사람들, 황해

도가 고향인 노인들이 많았는데 60년 가까이 걸린 방문길이 신기하기도 하고 감격스러운 모양이다. 하루속히 이 분단의 아픔이 치유되기를 기도한다. 한 할머니가 "통일이 되겠어?"라고 물었다. 그러나 "예, 물론이죠"라고 대답하지 못했다. 그리 만만한 상황이 아니기 때문이다. 아무튼 피곤하긴 했지만 누구나 마음대로 오지 못하는 박연폭포를 보고 가니 뿌듯하다(2005.9.2. 일기 중에서).

관리위원회 위원장이 어느 신문에 기고한 글의 제목이 〈송도 사절〉이다. 박연폭포, 황진이, 서경덕 그리고 개성공단이란다. 개성공단의 무궁한 발전을 꿈꾸는 모습이 잘 드러나 있었다. 위원장은 한 수 더 떠서 개성병원을 넣어 〈송도오절〉로 하잔다. 누가 말리겠나?

개성참관이 취소되었다는 소식을 알려왔다. 박 선생이 듣고 실망하였다. 그런데 잠시 후 김 과장이 오더니 나갈 가능성이 높단다. 얼마후 간다는 연락이 왔다. 박 선생은 흥분했다. 오늘은 입주업체 중심이라 단출했다. 버스 2대가 전부였다. 매번 가보는 것이지만 갈 때마다 새롭다. 오늘은 평소 못 보던 아이스케이크 장사가 보였다. 케이크가 꽤 크게 보였다. 여기저기 케이크 통을 놓고 파는 아줌마들이 있었다.

팔아서 당에 바치고 나머지는 자기가 갖는다고 한다. 이곳에서도 자본주의 문화가 스며들고 있는 것이다. 날씨가 더워서인지 개울에서 웃통을 벗고 물놀이 하는 아이들이 많이 있었다. 어느 곳에서나 아이들은 천진난만하다. 저들에게 사상이나 체제가 무슨 의미가 있겠는가? 마음껏 놀고먹으면 그만이지. 그렇지 못한 현실이 안타까울 뿐이다. 창밖의 한 녀석이 주먹질을 했다. 무슨 뜻일까? "주여, 이 민족이 하나 되게 하소서"(2005.9.11. **일기 중에서**).

아침에 비가 내린다. 그럼에도 아침걷기 운동을 하였다. 한 바퀴 도니 빗줄기가 강해져 그만 멈추었다. 공단이 아침부터 분주했다. 남북경제협력 협의사무소가 개소하는 날이기 때문이다. 10시 30분 남북 관계자 200명이 모여 개소식을 거행하였다. 식후 공장을 방문하고 개성 시에 있는 자남산 여관으로 갔다. 점심을 먹는 데 나는 '우메기'라는 떡을 주로 먹었다. 다른 음식은 입에 와 닿는 것이 없어 그다지 먹고 싶지 않기 때문이다.

식사 후 선죽교와 고려 박물관을 관람하였다. 고려 성균관 자리에 있는 고려박물관의 오래된 은행나무가 노랗게 물들어 보기 좋았다. 공단에도 이곳처럼 나무가 울창하면 가을 분위기를 느

　　개성공단에서 십일 년

낄 수 있을 텐데 하는 아쉬움이 들었다. 오늘 처음으로 숭양서원을 방문하였다. 정몽주 집터에 세워진 서원이다. 입구에 '마 상대'와 '마 하대'가 인상적이다. 개성참관 할 때마다 느끼는 것이지만 우리가 구경하는 주변은 통제가 된다는 것이다. 한 무리의 북한 주민이 군인의 통제 하에 우리가 떠날 때까지 골목에서 나오지 못하는 것을 보고 미안한 마음이 들었다. 언제나 북한 주민들과 자유롭게 만나 대화할 수 있을까?(2005.10.28 일기 중에서).

개성참관을 가려고 기다리는데 공장에 불이 났다. 혹시 응급차가 필요하지 않을까 하고 긴장하며 대기하고 있는데 다행히 다 진화되었다. 매번 가는 개성이지만 오늘도 많은 사람이 따라 나섰다. 모두 버스는 5대다. 어제부터 바람이 불며 비가 와서 그런지 낙엽이 길가에 많이 떨어져 있었다. 낙엽을 쓸지 않고 그대로 두어서 그런지 운치는 있었다. 돈에 맛들인 모양이다. 평소에는 6달러였는데 오늘은 숭양 서원을 더 보여 준다고 1달러를 더 내라고 하였다. 모두 찬성하며 숭양서원을 들렀다. 임시 매점에서는 물건팔기에 바빴다. 그런데 이곳저곳에서 가격 차이가 났다. 심지어 같은 물건이 두 세배 차이가 나기도 했다. 그야말로 부르는 것이 값이다. 개성상인의 전통이 살아난 것인가? 부모에게도 돈을 받는다고 하지 않던가! 돈 맛을 보게 되면 이곳도 서서히 무너질 것이다(2005.11.6. 일기 중에서).

눈이 와서 개성참관이 어려울까 싶었는데 예정대로 간단다. 나야 10여 차례 나갔기에 가고 싶지 않았지만 의사와 간호사가 원하기에 따라나섰다. 눈 내린 개성이 보고 싶은 이유도 있었다. 여느 때와 마찬가지로 북한 주민들이 자전거를 타고 가기도 하고 걸어서 가는 모습도 보였다. '저 사람들이 어디로 가는 것일까? 무엇 때문에 갈까?' 생각이 꼬리를 물었다. 묻고는 싶은데 물을 수 없는 현실이 답답하다. 만나서 대화할 수도 없으니 이게 뭔 일이란 말인가? 어디서나 동심은 밝다. 꽁꽁 얼어붙은 논에서 아이들이 썰매를 탔다. 외날 썰매도 보였다. 어릴 적 시골에서 똑같은 모습으로 놀던 때가 생각난다. 바로 이곳은 50년 전 우리의 시골 모습인 것이다. 시간이 멈춘 것과 같은 착각에 빠져든다. 그런 면에서 정겹기도 하지만 한편으로는 왜 이렇게 되었나 싶어 눈물이 난다(2005.12.18. **일기 중에서**).

집에 전화했더니 집사람이 반갑게 받았다. 아들은 집에도 못 오고 컨테이너에서 생활하는 것 같다. 제법 참아 내는 것을 보니 기특하기도 하고 미안한 마음이 든다. 집사람이 개성에 계속 있을 거냐고 물었다. 막상 대답할 말이 없어 말머리를 돌렸다. 앞날은 하나님께 맡길 뿐이다. 계획한다고, 걱정한다고 되는 것이 아니기에 그저 하나님의 인도하심에 맡길 뿐이다. 그래야 마음이 편할 것 같아서 그렇다. 어머니도 건강하시다니 감사하다. 주말이라고 동생이 내려와서 잔단다. 고맙다. 내 대신 아들 노릇 잘해줘서 늘 미안하다. 언제나 아들노릇 제대로 하려나? 아마도 나중에 후회할 것 같다. '있을 때 잘해'라는 노래 가사가 떠오른다(2005.9.3. 일기 중에서).

여름 날씨처럼 오늘은 더웠다. 긴팔 셔츠가 불편하게 느껴졌다. 오늘은 하루 종일 찝찝하게 보냈다. 내가 속 좁은 탓이었다. 김 간호사가 진료실 침대에서 누워 있어 "여기서 일 안하고 뒤집어 자느냐!"라고 한마디 했더니 기분이 상했는지 대들었다. "부원장님도 숙소에서 자고 왔잖아요." 옛날 성질 같았으면 한마디 했을 텐데 속으로 꾹꾹 눌러 담았다. 딸 같은 아이하고 뭐하나 싶어 부끄러운 생각이 들었다. 혼자 끙끙 앓느냐고 마음고생만 했다. 지금까지 이놈의 말 때문에 얼마나 피해를 입었는데 아직도 정신 못 차리고 있다. 더욱이 간호사 한마디에 씩씩거리고 있는 내 모습이 한심하기도 하다. 아직도 멀었다. 더 깨지고 부서져야 하리라. 넉넉한 가슴을 가진 새로운 모습으로 거듭나야 하리라. 아니 죽어야 한다. 죽어야 산다. 옛 사람은 기필코 죽어야한다. 새로운 모습이 아니면 결코 새 출발을 못한다. 그것은 새 출발이 아니다. 새 출발을 해서도 안 된다(2005.9.28. 일기 중에서).

〈래더 49〉라는 영화를 보았다. 한 소방관의 일대기를 그린 영화이다. 마지막 장면에서 감동을 받았다. 순직한 소방관을 위한 조사가 가슴을 파고들었다. "모두가 피해 나오는 불길 속으로 소방관들이 왜 들어가는지, 이 사람은 몸소 말해 주었다. 나는 이 시간 추모하지 않고

이 사람의 삶을 축하하고 싶다." 너무나 멋진 조사이다. 이보다 더 좋을 수는 없다. 나도 목회자로서 마지막 순간 이런 조사를 듣고 싶다. 그러기 위해서는 그렇게 살아야 하리라. 남들이 나오려고 하는 곳에 기꺼이 들어가고 사람을 살리는 그런 삶을 살리라. 개성공단이 바로 화재의 현장 같은 곳이 아닐까?(2005.9.28. 일기 중에서).

히로카네 켄시의 〈중년이 행복해지는 6가지 비결〉이라는 책을 읽었다. 저자는 50부터 중년이 시작되며 여생이 아니라 전반생과 대비되는 후반생이라는 단어를 사용하고 있다. 중년이 시작 되고 있는 나로서는 구구절절이 와 닿는다. 저자는 의무감에 쫓겨서 아둥바둥 살려고 하지 말고 마음껏 자신의 인생을 즐기는것이 후반생의 참 묘미라고 술회한다. 인생을 즐기지 못하는 이유는 집이나 재산에 집착하기 때문이란다. 집이나 재산에 집착하는 이유는 단 한 가지, 자기만족에서 비롯된다고 주장한다. 그러므로 집을 임시숙소라고 생각하란다. 그 곳에 머무는 동안에 진정으로 즐길 수 있기 때문이다. 그리고 우리 주위에는 가난하다는 것만으로 홀가분하게 사는 사람들이 많다고 말하며 욕심을 줄일 것을 요청한다. 세상에는 본래 한 사람의 몫은 일인분밖에 없기에 자기 몫 이외에는 관심을 갖지 말아야 한다고 주장한다. 그렇다. 자족하는 법, 대욕이 아니라 소욕을 가지고 살아가는 것, 이것이야 말로 인생을 즐기는 법이다. 나이가 들수록 가지 치는 법을 배워야 한다. 늙어서까지 가지려 하면 인생이 추해진다. 나는 이곳 개성광야가 좋다. 아무것도 없고 욕심 부릴 것도 없기 때문이다(2005.9.29. 일기 중에서).

은행의 김 동무가 병원에 접시를 씻으러 오면서 배, 사과를 가져와 김 간호사를 주면서 먹으라고 했다. 다른 것은 물론이거니와 과일은 더더욱 북한에서는 귀한 것이다. 그럼에도 혼자 먹지 않고 가져온 것이 너무 기특하고도 감동적인 사건이다. "가진 자들이 더 한다"라는 말이 있듯이, 없는 자들이 더 잘 나누는 것 같다. 남한에서 목회할 때 심방하다 보면 부잣집에서는 대접이 시원치 않았다. 그러나 가난한 집에 가면 산더미처럼 음식을 준비하고 대접하였다. 한 번은 달동네에 심방을 갔는데, 달걀 한판을 삶아놓고 계속 까주어 열 개도 넘게 먹고 다음 날까지 냄새가 났던 기억이 난다. 정말 중요한 것은 나누고자 하는 사랑의 마음이다. "주여, 넉넉한 마음을 주옵소서!"

홍 선생은 불가사이 한 인물이다. 덩치는 큰 사람이 밥 한 끼 먹는 것 외에는 일체 입을 다시지 않는다. 밥도 많이 먹지 않는다. 아무리 권해도 일언지하에 'NO'이다. 그것을 보면서 내 자신을 돌아본다. 아무리 배불러도 맛있는 것을 보면 사양하지 못한다. 절제하지 못하기 때문이다. 나는 매일 아침저녁으로 걷는다. 아령을 가지고 빨리 힘 있게 걷는다. 그러나 체중에는 거의 변화가 없다. 먹는 것을 절제하지 못하기 때문이다. 나는 안 줘서 못 먹고, 없어서 못 먹는 것 말고는 다 잘 먹는다. 목회하면서도 절제하지 못해 어려움을 많이 겪었다. 그러나 마음먹고 결심한대로 잘 안 되는 것이 바로 절제다. 그래서 성령의 마지막 열매가 절제인가 보다. 사랑도, 희락도, 화평도 지나치면 안 되기에 마지막에 절제를 말씀하시는 것이다. "주여, 절제의 은사를 주옵소서!"

아침저녁 산책을 못하면 뭔가 잃어버린 것 같은 허전함을 느낀다. 일종의 강박관념이다. 이 강박관념이 나를 피곤하게 만든다. 누가 뭐라는 것도 아닌데 스스로 강박감을 느낄 때 놀라게 된다. 그러나 이것을 긍정적으로 이용하면 자기발전과 성숙에 큰 도움이 될 것이다. 모든 것을 합력하여 선을 이루시는 하나님을 믿는다.

예배 후 교우숙소에서 라면 파티를 하였다. 라면과 직접 지은 밥을 맛있게 먹었다. 이렇게 함께 먹는 즐거움이야 말로 이곳의 크나 큰 즐거움이다. 예수님도 제자들과 3년 동안 밥상공동체를 가지지 않았던가. 사랑한다는 백 마디 말보다 매일 밥상을 같이 할 때 더 큰 힘을 발휘한다. 현대 가정은 이러한 밥상공동체를 상실했다. 이것이 가족 붕괴의 주요 원인이다. 가족끼리 얼마나 자주밥상을 같이 하고 있는가? 그런 면에서는 나도 할 말이 없다. 2년 넘게 밥상을 제대로 가족들과 함께 하지 못했기 때문이다. 생각하면 슬프다(2005. 10. 2. **일기 중에서**).

의사와 간호사들과 함께 북한 식당에 갔다. 여느 때처럼 어김없이 김 동무가 반갑게 맞아준다. 김 동무는 보기만 해도 기분이 좋아지는

개성공단에서 십일 년

아가씨다. 아무리 훈련 받아 봉사한다 해도 천성이 밝지 않으면 그리 쉽지 않은 자세다. 저런 모습을 배워야한다. 교우들을 대할 때, 그리고 병원에 오는 환자들을 대할 때도 의무적이 아니라 가슴에서 우러나는 만남과 섬김을 하리라고 다짐해 본다.

저녁에 비가 그치니 그렇게 행복할 수가 없다. 걷기운동을 할 수 있기 때문이다. 이제는 걷는 것이 내 삶의 일부분이 되었다. 걷기 없는 삶을 생각할 수조차 없다. 인생은 어차피 여행이라고 하지 않던가. 끊임없이 걸으리라. 걸으면서 생각하고, 깨닫고 또 그렇게 살리라. 거리의 신학도 있지 않은가. 길거리에서 주님을 만나리라. 그분과 동행하며 깊은 대화를 나누리라. 엠마오로 가던 제자들처럼 주님과의 대화 속에 그분을 깊이 체험하리라. "주여, 꿈속에서라도 걷는 중에 주님을 만나게 하옵소서!"(2005.10.7. 일기 중에서).

날은 맑은데 바람이 꽤 쌀쌀해졌다. 내일은 2도까지 내려간다고 한다. 마음은 썰렁해지지 않게 해달라고 기도한다. 현대그룹의 창설자 정주영 씨의 자서전을 읽었다. 어려운 상황에서 꿋꿋하게 자신의 길을 걸어 위대한 기업가가 된 과정을 솔직담백하게 기록하고 있어 감명을 받았다. 그 책의 몇 곳에서 가슴에 와 닿는 구절이 있었다.

"기적은 종교에나 있는 것이지 경제에는 기적이 없다."

겉으로 드러난 결과만 가지고 사람들은 쉽게 이야기하지만 그 뒤에는 피땀 흘리는 노력이 있었고 남모르는 고통이 있었다는 것을 강조하고 있다. 그렇다 세상에 공짜는 없다. 심은 대로 거둘 뿐이다. 문제는 심지 않고 거두려는데 있다.

"자신이 뜻한 바의 성취가 바로 부의 성취이지, 꼭 재물만이 부의 척도가 되는 것도 아니다."

재벌에게는 언뜻 떠오르지 않는 놀라운 철학이다. 기독교적 또는 신앙적 성공도 마찬가지다. 눈에 보이는 결과에 있는 것이 아니다. 다만 우리를 향한 하나님의 뜻을 이루는데 있다는 생각과 맥락을 같이 하는 것 같아 도전을 받았다.

"최선을 다해 자기에게 맡겨진 일을 전신전력으로 이루어내며 헌재를 충실히 살 줄 아는 사람은 우선 행복한 사람이다."

정주영 씨의 가치관을 잘 보여주는 대목이라고 생각한다. 재벌의 시각이라고는 할 수 없을 정도로 우리의 선입견에 찬물을 끼얹는 철학이다. 그는 재벌이라는 소리를 제일 싫어했다고 술회하고 있는데 이는 돈이 전부가 아님을 터득한 모습을 보여 주는 것이다.

이 책을 읽으면서 선입견이나 편견이 사람을 판단하는데 큰 장애가 된다는 사실을 깨달았다. 무엇 보다 깊은 사고와 끊임없이 도전하는 정신과 좌절하지 않는 용기가 우리의 삶을 다르게 만든다는 사실에 큰 도전을 받았다. 성공한 기업가로서 자리매김한 사람의 발자취도 이러할진대, 하물며 하나님 나라를 운운하는 목회자의 길이 어떠해야 할지를 말해 주는 것 같아 가슴이 먹먹해온다(2005.11.8 일기).

북한에서는 배가 나오면 장군님에 대한 배신행위라고 생각한다. 나도 배를 보니 배신자이다. 밥을 굶으면서라도 배를 들어가게 해야겠다. 그래야 숙청을 면할 것이다.

저녁 후 카페에서 차 한 잔을 하는데 박 선생이 자기에게 오는 잔을 굳이 옆 사람에게 권하는 것을 보던 봉사원 동무가 한 마디 했다. "열성이 많으면 말썽이 됩니다." 옳은 말이다. 협조적 방해라는 말이 있지 않은가? 열심도 지나치면 병이 된다.

강 동무가 뜬금없이 "부원장님은 밥할 줄 아십니까?"라고 물었다. 그래서 "할 줄 알지. 남한에서는 남자가 밥할 줄 모르면 쫓겨나"라고 했더니 빙그레 웃으며 "북한에는 여자가 다합니다"라며 이상하게 쳐다보았다.

유 동무가 영어노래를 한다. 깜짝 놀랐다. 북한 아가씨가 거리낌

없이 영어로 노래를 부르는 것은 처음 보는 일이다. 어떻게 배웠냐고 물으니 어머니가 사범대학 영어과 출신이라 어릴 때부터 영어를 접했고 노래도 배웠다고 한다. 아버지는 지리학을 전공한 교수라고 자랑했다. 꽤 괜찮은 집안인 것 같다. 그래서인지 북한 아가씨 같지 않은 당당함이 있다. 어디서나 배경이 좋으면 어깨에 힘이 들어간다.

유 동무는 ROLEX 고급시계를 차고 있어 깜짝 놀랐다. 그런데 습기가 차서 안 보인다고 해서 "고급시계가 왜 그래?"라고 했더니 유 동무가 "이거 가짜입니다"라고 너무 당당하게 말했다. 아마 중국산 짝퉁을 차고 있었던 모양이다.

북한 간호사들이 'OH DANNY BOY'를 불렀다. 또 "소쩌꿍, 소쩌꿍"하며 남한가요 '낭랑 18세'를 불렀다. 깜짝 놀라서 어떻게 그런 노래를 부르느냐 물으니 북한에서는 계몽기 가요로 분류되어 있어 자유롭게 불러도 괜찮단다. 알다가도 모를 동네다. 동요 '산토끼'도 불렀다. 후반부 가사가 살짝 다르다. "깡충 깡충 뛰면서 맘마 먹으러 가자." '잘 못 먹는 동네이기에 맘마 먹는 이야기를 가사에 넣었나?' 속으로 생각했다. 그럼에도 참 정겹다. 같은 노래를 부르고 있다는 것만으로도 가까워진 느낌이다. 무엇인가를 공유한다는 것이 이렇게 기분 좋은 일인 줄 예전에는 미처 몰랐다.

개성공단에서 십일 년

유 동무가 나의 웃기는 모습을 집에 가서 엄마에게 전했더니 배꼽을 잡고 웃더라고 전했다. 강 동무도 나만 보면 웃음이 절로 나고 무슨 이야기를 해도 모두가 재미있다고 했다. 감사한 일이다. 나 때문에 밥맛 떨어지지 않고 즐겁다니 다행한 일이다. 나 때문에 살 맛 나는 사람이 하나라도 있다면 성공한 인생이 아닐까? 나 혼자만의 착각일까?

강 동무가 텃밭에서 거둔 옥수수를 쪄서 가져왔다. 아무것도 넣지 않고 쪄서 그런지 맛은 별로였다. 그러나 생각하지도 못한 귀한 선물이라 감동했다. 어떻게 가져올 생각을 다 했을까? 참 기특하다.

내 생일을 어떻게 알았는지 북한의 한 선생이 곁에 다가와 "생일 축하합니다"라고 하였다. 그 어떤 축하보다도 흐뭇했다. 유 동무도 "오늘 집에서 전화 왔느냐?"고 물었다. 그리고 "남한에서는 생일축하를 어떻게 하느냐? 본인이 한 턱 내느냐? 주변 사람들이 챙겨주느냐?"고 이 것저것 물으며 간단하게 순서를 갖자고 했다. 보니까 벌써 수박과 방울토마토 파티를 준비해 놓았다. 눈물이 핑 돌았다. 인간의 정은 남북이 다르지 않다는 사실을 뼈저리게 느꼈다.

TIP : 개성공단에 있는 북한 식당 종업원은 물론 북한 간호사들의 입을 통해서 '눈물 젖은 두만강'이나 '찔레꽃'과 같은 유행가를 처음 들었을 때 깜짝 놀라며 "그런 노래를 불러도 괜찮으냐?"고 물으니 "계몽기 가요라 괜찮습니다" 라고 대답했다. 북한은 해방 전에 창작 보급된 계몽적 성격을 가진 가요를 '계몽기 가요'라고 하여 북한 주민들도 자유롭게 부르도록 허락했다고 한다.

생일 파티를 하며 남한 의사가 공부 잘하기 위해 '총명탕'을 먹어 보았느냐고 물으니 강 동무가 "총명탕은 먹어 보지 못하고 뇌진탕은 먹어 보았습니다"라고 하였다. 모두가 배꼽을 잡았다.

북한 속담이다.
"남의 집의 금덩이보다 제집에 있는 쇳덩이가 낫다."
"기쁨은 홀로 오고 화는 쌍으로 온다."

북한 명언이다.
"정열, 그것은 위대한 창조의 원천이다."
"가는 길 험난해도 웃으며가자."

북한 인민들이 선호하는 말이다.
"오늘을 위한 오늘에 살지 말고 내일을 위한 오늘에 살자."

강 동무의 말이다.
"돈 보고는 못 살아도 사람 좋으면 웃으며 산다. 그래서 어머니는 평양사람인데 개성사람 아버지와 결혼 했다."
"북한에서 몽당연필은 꽁다리 연필이다."

유 동무가 내 혈압을 재면서 한 말이다.

개성공단에서 십일 년

"화가 난 것을 참으면 남에게는 좋을 줄 모르나 자신에게는 좋지 않습니다. 도저히 못 참겠으면 저에게라도 화를 내십시오." 말이라도 참 고맙다.

한 선생의 말이다.
"팔굽혀 펴기는 북한에서는 현수다."

한 선생이 가운을 입기 위해 강 동무 앞에서 옷을 벗기에 내가 다 벗으라고 했더니 "생사를 같이 하는 혁명동지인데 그 정도 못하겠습니까?"라고 했다. 갑자기 섬뜩해졌다.

음료수를 북한 직원들에게 두 개씩 가져가라고 했더니 한 선생이 "기왕이면 행복 3으로 합시다. 하나면 외롭고 둘이면 여유가 없고 그러니 3으로 합시다"라고 했다. 참으로 기발한 분배원칙이다.

한 선생이 "약이 많아도 해열제, 지사제, 그리고 항생제 딱 세 가지만 있으면 되겠습니다"라고 했다. 그렇다. 인생에도 꼭 필요한 것은 그리 많지 않다. 그러나 많이 가지려고 하고 쓸데없는 것을 쌓아 놓으려고 애쓴다. 1년 지나고 한 번도 안 쓰는 것은 내 것이 아니요, 필요 없는 것인데, 그것을 가지려고 몸부림친다. "어리석은 인생들을 긍휼히 여겨 주옵소서!"

한 선생은 몸이 안 좋아 입원했는지 어땠는지 안 나왔고 최 선생은 부인이 산기가 있는지 어떤지 안 나왔다. 간호사들에게 물어도 모른단다. 직장에 나오지 않았는데, 안 나온 사람은 연락도 없고, 그 이유를 아는 사람은 하나 없고, 세상에 이런 곳이 또 있을까? 그리고 나중에 나와도 미안하다는 표정이 하나도 없고 참으로 희한한 동네이다.

북한 병원 행정요원이 못된 성품이나 강한 성격을 소유한 성씨에 대해 말했다. 내가 최 씨가 앉은 자리에 풀이 나지 않아 왜 그런가하여 파보았더니 그 밑에 강 씨가 앉아 있었다고 말했다. 그랬더니 그 동무가 강 씨 밑을 파보니 조 씨가 있었다고 한 술 더 떴다. 그러면서 북한에서 강한 성 씨를 순서대로 열거한다(1. 백 2. 최 3. 강 4. 박 5. 조). 남한과 조금 다른 것이 이채롭다.

유 동무가 '부산-무주스키장'이라고 적힌 관광버스를 보더니 부산에 무주 스키장이 있느냐고 물었다. 그런 게 아니고 부산에서 무주스키장까지 운행하는 버스라고 설명했다. 그리고 제주도에 대해서 물었다. 남한에 대해 모든 것이 궁금한 모양이다. 자유롭게 왕래하는 날이 속히 오기를 빌어본다.

야구경기를 보기 위해 TV를 켜놓았는데 북한 간호사들이 점심을 마치고 들어왔다. 우리가 TV를 잠시 본다고 하자 입원실로 들어가 문

개성공단에서 십일 년

을 닫았다. 외부정보에 노출되지 않으려는 몸부림이 안쓰럽다. 스스로 결정한 것은 아니지만 이런 현실이 가슴 아프다. 언제나 남한 드라마를 같이 보며 울고, 쇼 프로그램을 보면서 웃어볼 수 있을까?

병원의 남북한 직원 간에 설전이 벌어졌다.

남; 남한은 돈 많이 벌기 위해 열심히 공부한다.

북; 지식 쌓고 자기를 성장시키기 위해 공부하는 것이다.

남: 자본주의 사회에서 돈이 최고이기 때문이다.

북: 사회주의는 그렇지 않다.

남: 어떤 제도든 세월이 가면 변하게 된다.

북: 사회주의는 절대 변하지 않는다.

설득한다고 되나? 설명한다고 되나? 철저히 세뇌되어 있어 어렵다.

북한에서는 김장하는 날, 남편들이 직장에서 휴가를 내어 도와준다. 개성공단에서는 김장하는 날은 쉰다. 1년 반찬을 준비하는 날이기 때문이다. 집집마다, 아파트에도 김치창고가 있어 저장하여 먹는다. 꼬개기(고갱이)중심으로 겉절이 모양의 김치를 만들어 1주일 동안 먹는다. 배추는 텃밭에서 가꾼 것을 사용하기도 하지만 턱없이 부족해, 직장에서 주는 배추로 김치를 담근다. 김장하는 날은 마치 잔칫날 같은 풍경이다.

북한 사람들도 청명을 지킨다. 그날은 휴일이다. 조상의 산소를 찾아 성묘하고 묘지를 돌본다. 산소에 갈 때 음식도 준비한다. 전통을 지키려는 모습을 보면서 놀라지 않을 수 없다. '결국 이곳도 사람들이 사는 곳이구나'라는 생각을 하게 된다.

6.25 기념일이다. 옛날 같으면 생각도 못할 곳에 있으면서 6.25를 맞이하니 만감이 교차했다. 북한 간호사에게 오늘이 무슨 날이냐고 물으니 "미제 침략전쟁의 날입니다"라고 분명하게 말했다. 이곳에서는 간호사의 말처럼 6.25는 미제와 그의 괴뢰도당이 북침한 날로 알고 있다. 잘못된 교육으로 같은 사건을 전혀 다르게 보고 있는 것이 안타까울 뿐이다.

북한 참사가 가끔 유식한 말을 한다. "아이는 어른의 조상이다." 앞길을 막는 아이를 보고 할아버지가 비키라고 야단을 치자 아이가 돌아서며 하는 말이 "조상에게 그게 무슨 말이냐?"고 하더란다. 이에 어이가 없어 "네가 어떻게 내 조상이냐?" 하니 아이가 "할아버지는 처음부터 그렇게 되었소?" 하고 되묻더란다. 할아버지가 "어린아이부터 자라 이렇게 되었지"라고 하니 "그러니까 내가 당신의 조상이지" 하더란다.

알 듯도 하고 모를 듯도 하다.

북한 식당 봉동관에 가려면 초기에는 북한 참사를 통해 예약을 하고 안내를 받아야 했다. 그렇게 하는 이유는 소개비가 거래되기 때문이다. 이를 알게 된 남한 직원이 혼자 몰래가다가 들켜 혼났다. 돈 줄을 건드리는데 가만있겠는가? 이곳에도 이런 검은 거래가 있는가 싶어 씁쓸하다.

새로 개업한 평양식당이 화제에 올랐다. 현대아산이 시설투자하고 북한이 경영하는 식당이다. 메뉴가 다양하고 맛도 그런대로 괜찮다. 옆에 있는 일식식당이 타격을 받고 있다. 북한 식당 봉동관에도 발길이 뜸하다고 한다. 초복이라고 단고기를 먹는데 한 그릇에 15$를 받는다. 비싸다. 나는 개고기를 먹지 못하는 것은 아니지만, 될 수 있으면 먹지 않는다. 왠지 기분도 그렇고 먹고서 효과를 본적도 없기 때문이다. 남들이 좋다고 해서 다 좋은 것은 아니다. 나에게 맞는 것이 좋은 것이다.

운동화 밑창이 다 달아서, 할 수 없이 신발공장에 가서, "몇 번이나 고민하다가 염치없는 부탁을 하러 왔다"고 했다. 그러자 법인장이 "한 번만 고민하고 빨리 오시지 그랬느냐"고 한다. 그렇다. 고민한다고 달라지는 것이 있는가? 모든 문제를 주님 앞에 빨리 가지고 나가자!

북한 참사가 병원에 왔다. 박 선생이 "일본이 독도를 자기 땅이라고 우긴다"고 하자 "핵 한 방 쏴줘야겠군"이라고 했다. 이렇게 시원한 말이!

북한 간호사들이 이런저런 것들을 질문했다. "왜 이곳에 와서 삽니까?" 대답을 망설이니 "그러면 친구들은 어떤 사람들입니까?"라고 또 물었다. "여러 분야에서 잘나가는 사람들이 있다"고 하니, "그러면 부원장님이 제일 못하지 않습니까?"라고 했다. 그래서 "마음만은 내가 제일 부자야"라고 하니, 아무래도 못 알아듣는 눈치였다. 뱁새가 어찌 봉황의 깊은 뜻을 알까?

북한 운전사는 임금이 노동자 중에 제일 많아서 인기가 있다. 특히 공단에서 물건을 밀반출하려면 반드시 운전사의 도움이 필요한데 5:5의 분배를 한다고 하니 괜찮은 직업이다. 그래서 거래하는 운전사가 운행하는 버스만 기다리는 북한 근로자들을 흔히 볼 수 있다.

남한의 성형외과 의사가 강 동무의 미모가 식당에 있는 동무들과는 차원이 다르다고 칭찬했다. 그래서 내가 "강 동무, 한 턱 내"라고 하니 "한 턱밖에 없는데 내면 뭐가 남습니까?"라고 했다. 내가 그래도 한 턱 내라고 하니 "그러면 더 이상 칭찬받을 수 없습니다"라며 지지 않았다. 얼굴도 예쁘지만 참으로 재치 있는 동무다. 이 얘기를 듣고 누가 그런다. "얼굴 예쁜 것이 무엇보다 큰 재산이다. 미스코리아가 되면 다 된다. 부자와 결혼하고, 배우가 되고 싶으면 배우가 되고 다 된다. 예쁘면 모든 것이 용서가 된다. 요즈음은 못생긴 것도 죄다." 그래 얼굴 뜯어 먹고 잘 살아라. 못생겨서 죄송합니다.

내가 거울을 보고 머리를 빗으며 머리카락이 난 것 같다고 하자, 강 동무가 "지성이면 돌 위에도 꽃이 핍니다"라고 했다. 지성이면 대머리에도 머리카락이 날까?

작업하다가 고환이 찢어져 온 환자를 외과의사가 수술을 하며 북한 간호사에게 도와달라고 했더니, 아무것도 모른 채 왔다가 남자의 '물건'을 보고는 소스라치게 놀라며 나가 버렸다. 의사가 간호사는 어떤 상황에서라도 일해야 한다며 오라고 아무리 불러도 막무가내였다. 처음 겪는 경험이기 때문이기도 하지만 아직 북한 여성들은 순수함이 남아 있기 때문이다.

강 동무가 노래를 부를 때 내가 온 몸을 부딪치며 박수를 치자 "부원장님은 재주가 많은데 제대로 발휘하지 못하셨습니다. 90%의 재주가 10%의 지원을 받지 못해 썩고 있습니다"라고 했다. 그렇게 심오한 말을!

병원직원들이 부부싸움에 대해서 이야기를 나누었다. 사소한 문제가 큰 싸움으로 변하여 사느냐 못사느냐 하고 그 사이에 자녀들이 상처를 입는다고 하니 북한 의사가 한 마디 했다. "나는 부부싸움을 한 번도 안했습니다. 중요한 것은 자란 환경과 배운 교육이 좌우하는 것입니다." 옳은 말이다. 그러면서 자기가 실수하면 부인이 참고 지혜롭게 행동한다고 자랑했다. 간호사도 거들었다. "아버지가 성질이 급해서 욱하는 말을 해도 엄마는 참고 나중에 둘이 있을 때 여차저차 했다고 따지면 대개 아버지가 사과합니다." 아직 북한은 가부장적인 분위기가 강하게 남아 있어 여인네들이 순종하는 분위기다. 그래서 남한보다는 부부싸움이 적고 가정불화도 자연적으로 적은 것 같다. 어느 한 쪽이라도 희생할 때 가정의 평화는 유지되리라.

북한 치과의사가 "이를 뽑아주고도 감사하다는 소리를 듣는 것은 치과의사밖에 없을 것입니다. 제 몸 일부가 없어졌는데도 고맙다고 말하니 신기합니다"라고 했다. 듣고 보니 일리가 있는 말이다.

개성교회 여성교우가 옷에 다는 장식으로 만든 십자가를 선물로 주었다. 감사를 표했더니 진작 만들어 놓고서도 부끄러워 미뤄 왔단다. 정성과 시간을 들인 값진 선물을 고이 간직하겠노라 마음먹었다. 삭막한 광야와 같은 이곳에도 따뜻한 정이 오아시스처럼 가슴을 시원하게 한다.

병원에 온 환자가 재미있는 말을 하고 갔다. "제 수염이 모두 개성 있다고 하는데 그러면 제가 개성 있지 서울 있습니까?" 그래 맞다. 그 사람이 개성에 있지 서울에 있는가? 그리고 보면 나도 개성 있는 사람이다. 그러나 개성이 '개 같은 성질'의 준말이면 곤란하다. 하하하! 재미있다. 그리고 보면 개성공단도 사람 냄새가 나는 곳 같다.

삼통 그리고 삼중고

개성공단은 100만평 부지에 123개의 남한기업들이 입주해 있었다. 남한 주재원은 850명 정도이고 북한 근로자는 54,000명 정도가 함께 일하고 있었다.

삼통문제

그런데 개성공단을 이야기 할 때 꼭 등장하는 이야기는 통행, 통신, 통관, 소위 '삼통' 문제다. 초창기부터 남한에서 문제를 제기 해왔지만 전혀 해결되지 않았다. 그래서 남한 주재원들은 "삼통 문제가 해결되면 통일이 다 된 것이다"라고 말할 정도이다.

1. 통행 문제

개성에 출입하려면 방문자는 2주 전에, 장기 체류자는 최소한 3일 전에 신청을 해야 한다. 정해진 시간에만 들어가고 나올 수 있다. 1분만 늦어도 들어 갈 수 없고 다시 출입 신청을 해야 한다. 공단에서 남한으로 내려 갈 때에도 마찬가지이다. 업무가 다 끝나지 않았어도 정해진 시간에 나와야 하고 일찍 일을 마쳤어도 정해진 시간까지 기다려야 한다. 시간을 어길 경우 벌금을 물어야 한다. 출입 시 소지해야 하는 것도 많다. 여권을 대신하는 통일부 발행 출입등록증, 북한발행 체류등록증, 통일부발행 차량 통행증, 북한발행 운수등록증을 소지해야 한다. 그리고 남한 운전 면허증과 북한 발행 운전 면허증도 소지해야 한다. 차량에는 북한에서 만든 임시번호판으로 번호판을 가려야 한다. 그리고 황색 깃발을 달아야 한다. 심지어 내비게이션이나 블랙박스도 떼어야 한다. 군사 분계선까지는 남한 군인차량의 인도를 받고 분계선을 넘으면 북한군 차량이 앞뒤에서 호위를 한다. 그러므로 출입 자체가 고통이다.

2. 통신 문제

초창기에는 전화회선이 1회선 밖에 되지 않아, 전화를 신청하고 대기하고 있다가 전화를 했다. 요금도 국제전화 요금이기에 비쌌는데 통화 시작부터가 아니라 신호음 시작부터 계산하였고 1분에 2500원이었다. "어"하다 보면 한 통화에 만원이 훌쩍 넘고는 했다. 최근에는 회선도 많이 늘어났고 요금도 많이 싸져서 통화하는데 불편을 겪지는 않았다. 그러나 휴대폰 반입은 되지 않는다. 우리보다는 북한 근로자에게 넘겨질 까 걱정이 되기 때문이다. 그리고 대부분 스마트폰이기에 각종 정보가 북한 근로자에게 노출되는 것을 방지하기 위해서다. 그러므로 인터넷도 되지 않는다. 따라서 남한 기업에서는 신속한 업무처리가 되지 않아 애를 먹는다. 현대는 모든 것이 속도전인데 업무 처리가 늦다 보니 손해가 이만 저만이 아니다. 개인적으로도 남한 주재원들은 휴대폰과 인터넷의 금단 증세를 겪고 있다. 휴대폰과 인터넷이 안 되는 곳은 이 세상에서 개성공단 밖에 없을 것이다.

전화가 개통되기는 했어도 입주업체에서는 문제가 생겼다. 사무실에 근무하는 북한 근로자들에게 남한에서 오는 전화를 받지 말라고 참사들로부터 지시를 받았단다. 이런 황당한 일이 어디 있는가? 전화를 놓으면 뭐 하나, 전화 통화가 제대로 되지도 않는데 말이다. 더욱이 사무실 직원이 아닌 남한 근로자는 전화가 있어도 그림의 떡이다. 사무실에 들어가 마음대로 전화 할 수 없기 때문이다. KT직원에게 공중전화설치를 요구했더니 공중전화는 일일이 신분확인이 된 다음에나 가능하단다. 입주업체나 기관은 신분이 이미 확인 된 것으로 인정하여 설치한 것이란다. 아무튼 마음대로 남한의 가족들과 통화할 수 없는 현실이 답답하다.

전화가 개통되었으나 그렇게 통신상의 효과는 없는 것 같다. 도리어 더 불편해졌다고 아우성이다. 소방서에는 아예 전화를 떼어 버렸단다. 제일 필요한 곳이 소방서인데 무슨 일인가? 모 공장의 홍 이사는 "제가 요즈음 병원에 왜 자주 오지 못하는 줄 아십니까? 전화 받느냐고 그렇습니다. 전화가 와도 북한 근로자들이 받지 않으니 어떡합니까? 그렇게 자신 없으면 일을 함께 하지 말던지…"라고 하며 한숨을 내쉬었다. 전화만큼이나 이곳이 답답하다.

3. 통관 문제

개성공단 출입할 때 남한 출입사무소에서는 전자시스템을 동원해 검색함으로 아무런 문제가 없다. 그러나 북한에서는 일일이 수작업으로 한다. 모든 가방을 열어 보고 주머니 검사도 한다. 차량 곳곳을 뒤진다. usb도 검색한다. 일반 차량은 그래도 괜찮다. 매일 출입하는 물류 차량 기사들은 죽을 지경이다. 포장한 물건조차도 다 뜯어보는 경우도 있다. 심지어 공장에서 물건을 실을 때 이미 세관검사를 마치고 봉인한 물건도 보자고 하여 옥신각신할 때가 있다. 이런 배경에는 무언가 바라는 것이 있기 때문이다. 그리하여 저들이 좋아 하는 물건을 준비해 놓는다. 이것도 하루 이틀이지 꽤 부담이 된다. 이런 문제를 개선해 줄 것을 요구했다. 그래야 개성공단이 활성화 되고 국제화될 수 있다고 끊임없이 문제제기를 했지만 전혀 고쳐지지 않았다.

삼중고

이러한 '삼통' 문제 외에도 남측 주재원들이 평소 공유하는 고통이 있다. 그것을 나는 개성공단의 '삼중고'라고 이름을 붙였다. 외로움, 무료함, 그리고 답답함이다.

1. 외로움

근로자 모두가 가족과 떨어져 일하고 있다. 나도 마찬가지다. 오지 선교하는 분들도 가족과 함께 하는 데, 나는 11년 동안이나 혼자서 사역했다. 초창기에는 한 달에 한번 겨우 남측으로 내려갔다. 병원을 방문하고 내려가는 분들을 환송하고는 뒷모습을 보면서 나도 내려가고 싶다고 생각한 적이 많이 있다. 죽음보다 더 무서운 것이 외로움이라고 하지 않던가? 이곳 남한 주재원들은 밤마다 죽음보다 더 두려운 외로움을 이불삼아 잠자리에 든다.

금요일이 되면 공단이 텅 비어 썰렁하다. 사람들이 많이 왔다 갔다 해야 덜 허전 할 텐데 사람마저 없으니 가슴이 휑하다. 매번 경험하는 것이지만 남들이 나갈 때 같이 따라가고 싶은 생각이 간절하다. 그러나 내 마음이 문제다. 내 마음이 안정되고 평안하지 않는 한 어떤 환경에도 적응하는 것이 쉽지 않을 것이다.

개천절이다. 달력상으로는 분명히 경축일이고 휴일이다. 이곳은 아무상관 없는 날이다. 평소대로 모두가 정상적으로 근무한다. 다만 출입경 업무만 없다. 병원은 오전만 문을 열고 오후 2시에 문을 닫았다. 숙소에 와서 한숨 자고 책을 읽노라니 갑자기 마음이 허전해지고 쓸쓸해진다. 외로움이 뼈 속 깊이까지 스며든다. 가족들이 보고 싶고 '하루라도 이곳을 빠져나가야지'라는 생각이 밀려온다. 안전 관리팀 직원에게 이런 마음을 전했더니 족구 구경도 하고 함께 하는 시간을 가지란다. 옳으신 분부다.

요즈음 나는 혼자 노는 진수를 터득하는 듯하다. 병원은 예전 같지 않다. 의사는 진료실에 있으면 나올 생각을 안 하고 하루 종일 한 마디도 하지 않는다. 간호사는 총각들하고 어울리느냐고 정신없다. 나는 혼자 산책하고, 혼자 책 읽고, 일본어를 공부한다. 그리고 보면 말할 기회도 없다. 찾아다니며 말을 건네야 하는데 그것도 쉽지 않다. 오늘은 오랜만에 관리위원회 직원들과 서서 대화를 나누었다. 그러나 얼마 되지 않아 시들해 진다. 어찌되든 1년은 버티리라 생각하고 있는데 갈수록 시간 가는 것이 겁난다. 이러다가 마음에 병이라도 날까봐 걱정이다. 매일 수도하는 심정으로 있는데 잘 안 된다.

허전한 마음을 달래려 힘껏 걸어보았다. 중장비 기사 두 분이 걷고 있어 동행했다. 그 분들도 하루도 빠짐없이 걷는다. 하루 종일 앉아서 일하기 때문에 걸어 주지 않으면 다리에 기운이 없단다. 그 분들도 한 달에 한 번 집에 가는데 중동에 있을 때와 비교하면 감지덕지한 일이라고 말했다. 사실 무엇이든지 생각하기 나름인데 언제부터인가 생각이 어두운 쪽으로 기우는 것 같다. 정신 똑바로 차려야 하겠다. "성령께서 마음과 생각을 지켜주옵소서! 담대하게 하시고 참된 평안을 누리게 하옵소서!"

은행에 근무하는 분이 긴급출경을 했다고 해서 나중에 물으니 "마누라가 보고 싶어 도저히 참을 수 없어 특별외출을 하였습니다"라고 했다. 가슴이 저려 온다. 아직 젊은 분이 아내 생각에 도저히 잠이 오지 않았던 모양이다. 용기 있는 적극적인 행동에 박수를 보냈다.

건축 현장에서 일하던 근로자(28세)가 새벽 2시에 숙소에 잠입하여 자고 있던 남한 아가씨를 덮치는 사건이 발생했다. 현장에서 붙잡혀 다음 날 추방당했다. 알고 보니 그 사람은 전과 5범이었다. 20대 건강한 젊은 사내가 외로운 현장에서 오래 일하다 아름다운 아가씨를 보

　　　　　　　　　　　　개성공단에서 십일 년

니 제정신이 아니었나 보다. 정확하게 찾아간 것을 보면 평소 지켜보고 있었던 것 같다. 전과자이기 때문이기도 하지만 외로운 현장이기에 그런 사건이 발생한 것이라 생각하니 마음이 무겁다.

식당에 조리사로 온 젊은 친구가 아프다고 병원에 왔다. 소화도 안 되고, 머리도 아프고, 잠도 잘 안 온다고 말했다. 진료 받는 동안 "애인을 못 만나서 그런 것 같습니다"라고 넋두리를 했다. 외로움이 가져온 병이다. 그 친구는 결국 애인 찾아 남한으로 내려갔다.

오늘 수요기도회는 현대아산 이 과장과 둘이서 말씀을 나누고 기도함으로 마쳤다. 그러자 정 주임이 왔다. 상담하러 온 것이다. 정 주임은 항상 남한에 두고 온 가족에 대한 부담으로 고통스러워한다. 여러 가지 어려운 경제문제로 이곳에 와서 일하고 있지만, 가족들 특히 두 딸이 눈에 밟혀 힘들단다. 9살, 11살인 두 딸의 편지를 이야기 하며 가족을 위해서는 굳이 이곳에서 일해야 하는 건지 고민이란다. 여기서 일하는 남한 근로자들 가운데 자녀들 문제로 고민 하는 사람들이 많다. 한번은 의류업체 직원이 딸이 아빠 보고 싶다고 매일 울어서 어떡하면 좋겠냐고 물었다. 나중에 후회하지 말고 당장 내려가라고 했더니 그 다음 주로 영구 출경하였다. 사실 나도 마찬가지다. 아들이 공장에서 일하다 제대로 먹지도 못하고, 열악한 환경 속에서 그만 폐결핵이 걸렸는데 이곳에서 뭐하나 싶어 괴롭다. "주여, 선히 인도하여 주옵소서! 우리 아들 하루속히 치유하여 주옵소서!"(2005.12.21. **일기 중에서**).

한국영화 '한길수'를 보았다. 독립투사였던 아버지에 대해 그의 딸이 이렇게 반박한다. "독립투사는 아내와 자식을 버리고 나라를 위해서만 살면 되는 건가요?" 나를 향한 가족의 질타 같아서 가슴 아팠다. "선교사란 아내와 아들을 버리고 선교를 위해서만 살면 되는 건가요?" 라고 아들이 묻는다면 무엇이라고 대답할까? 도무지 대답이 생각나지 않는다(2006.3.2. **일기 중에서**).

외로운 현장이기에 조그만 배려와 관심에도 감동을 받는다. 박 간호사의 아이디어로 이곳에서 구하기 힘든 케이크를 준비하고 내 나이 수와 같은 촛불을 밝히고 다과를 준비했다. 그리고 저녁 9시에 깜짝 파티를 했다. 마치 응급환자가 생긴 양 병원에 오게 하고 들어서자 폭죽을 터트렸다. 예상 밖의 축하에 어리둥절하다. 외로움에 절어있어서 그런지, 배려에 눈물이 난다.

건설회사에 근무하는 일명 코끼리 아저씨가 과자를 몇 봉지 사들고 와서 간호사에게 건넸다. 무슨 일이냐고 하니 오늘이 빼빼로 데이 (day)란다. 빼빼로가 마트에 없어 과자를 샀단다. 덩치에 어울리지 않게 자상한 면이 있다. 생긴 것처럼 투박하지만 정이 있는 사람이다. 매력이 딴것이랴? 인간미가 매력이 아니겠는가? 이곳처럼 외로운 현

개성공단에서 십일 년

장에서는 작은 관심과 배려가 사람을 감동시킨다. 우리는 큰일에만 관심을 빼앗겨 작은 것이 주는 잔잔한 감동을 놓치는 우를 범하고 있다.

어느 공장 법인장의 부인이 온다더니 오지 못했다. 듣자하니 입주업체 직원의 부인들이 오는 것을 북한에서 싫어한단다. 할 일 없이 왔다 갔다 하는 것이 눈에 거슬리기 때문이란다. 그러나 남한 직원들의 시기 질투심 때문이라는 설이 유력하다. 왜 아니겠는가? 누구는 홀로 외롭게 살아가는데 누구는 마누라하고 같이 지내니 부럽기도 하고 짜증이 나기도 할 것이다. 갇힌 공간에 살다 보면 심리적으로 유치하고 단순해진다. 원초적인 삶을 살게 되는 것이다. 군대가 대표적인데 이곳도 똑같다(2005.9.4. **일기 중에서**).

병원에서 봉사하던 부부가 떠나던 날, 금슬 부부상을 주었다. "사랑의 봉사에 감사하며 특히 부부금슬을 과시하여 처녀총각들의 시기와 질투를 일으켰으므로 이에 상을 드림"이라고 문구를 적어 주었다. 모두 혼자 외롭게 살아가는 공단에서 유일한 부부였기에 부러움과 질투의 대상이었다. 방음이 안 되던 옆방 사람들은 늘 잠을 설쳤다는 후문이다.

2. 무료함

공단에는 휴대폰 반입도 안 되고 인터넷도 할 수 없다. 일과 후 특별히 할 것도 없다. 그래서 해외여행을 떠난다. 주로 가는 곳은 방콕과 방글라데시다. 주말이나 연휴에 있노라면 죽을 지경이다. 다행히 TV는 있어 죽음은 면한다. 그러나 남측 주재원이 주말에 투덜거린다. "TV 보는 것도 한 두 시간이고, 자는 것도 그렇고, 미치고 환장하겠네! 누가 나 좀 말려 줘요!"

무료함을 달래기 위해서 시간을 활용하는 방법이 두 가지다. 하나는 생산적인 방법이고 다른 하나는 파괴적인 방법이다. 이곳에는 산책하는 사람이 많다. 나도 제한된 공간이지만 매일 공단을 다람쥐 쳇바퀴 돌 듯 한다. 건강을 위해서지만 무료함을 달래기 위한 이유도

있다. 탁구를 치는 사람도 있고 족구에 미친 사람도 있다. 이 모두 생산적으로 무료함을 달래는 방법이다. 그런가하면 매일 술을 마시는 사람이 있다. 남측에서는 퇴근하면 그만이고 여러 가지 핑계를 대고 피할 수 있지만 이곳은 갈 곳이 없어 그렇게 술을 마신단다. 서양화(카드)와 동양화(화투)연구회도 회원이 많다고 한다. 밤새 연구하다가 다음날 일에도 지장을 받는 열성파도 있다고 한다. 이는 파괴적으로 무료함을 달래는 방법이다.

공단 내 순찰로에서 문제가 생겼다. 남한 근로자 두 명이 봉동리에 있는 농업전문대학 근처에서 막걸리를 마시며 북한 주민과 접촉하였다. 이에 신고가 들어가 군인들까지 동원되었다. 다행히도 군인들이 도착하기 전에 해결되었다. 그러지 않았으면 큰 문제로 번질 뻔했다. 이 사건도 답답한 공간 때문에 생긴 문제다. 숙소에서 마시다가 답답하니까 나온 것이고 마시다 보니 북한 주민에게 말을 걸게 된 것이다. 외국 같으면 일과 후나 주말에 얼마든지 밖으로 나갈 수 있는 데 여기는 갇혀 있으니 그런 것이다. 이곳 사정을 모르는 사람은 개성에도 마음대로 나가고 심지어 평양에도 갈 수 있는지 물어 보는 사람도 있다. 몰라도 한참 모르는 이야기이다.

휴대폰을 남한 도라산 출입사업소에 맡기고 들어오면 한동안은 휴대폰 금단증세가 나타난다. 몸에서 휴대폰 진동을 느낀다. 어떤 때는 전화벨소리가 들리는 환청현상도 있다. 처음에는 무료하지만 시간이 지나면 어느덧 익숙해지고 그것이 나를 구속하는 기계라는 사실을 깨닫게 된다.

어떤 이는 휴대폰이 없어서 무료함을 느끼지만 반면에 자유로움도 얻는다고 말한다. 남한 직원이 "나는 이곳에서 독립운동을 합니다" 라고 해서, 무슨 독립운동이냐고 하니 "잔소리하는 마누라부터 독립, 귀찮게 하는 친구로 부터 독립 그리고 구속하는 휴대폰으로부터 독립입니다"라고 했다. 옳은 소리다. 우리는 지금 개성에서 독립운동을 하고 있는 것이다. 만세! 만세! 만세!

마트 점장이 "이곳에서는 돈은 필요 없다. 먹을 것을 확보하는 것이 문제다"라고 했다. 이에 은행 지점장이 "우리는 돈밖에 없다. 돈 있으면 뭐하나 먹을 것이 없으면…"라고 했다. 이곳은 먹는 문제가 화제거리다. 딱히 소일거리가 없어서 그렇다.

건설업체 직원이 불만을 토로했다. 동료직원과 마시는 술값을 본사에 청구하면 매일 술만 먹느냐고 거절한단다. 그래서 개인적으로 술값을 낸 것이 한 달에 60만 원 정도란다. 왜 매일 술을 마시느냐고 하는데, 이곳 사정을 모르기 때문이란다. 여기서 술 마시는 일 외에 뭐가 있느냐? 할 일 없어서 결국 술자리에 앉게 된다. 그러니 본사에서 술값을 대주어야 한다는 주장이다. 일종의 궤변이지만 이곳의 형편을 대변해 주는 이야기다. 일과 후 할 일 없는 현실에 대한 답답함을 토로하고 있는 것이다. 무료하다는 것이 문제이고 고통이다.

3. 답답함

공단에 있는 것만으로도 답답하다. 답답함에는 세 가지가 있다.

1) 공간적 답답함

100만평 부지의 공단은 2중 울타리로 되어 있다. 울타리 가운데는 순찰로가 있고 곳곳에는 초소가 있다. 북한군 병사들이 총을 들고 24시간 지켜주고 있다. 그래서 어떤 이는 개성수용소라고 말한다. 남한 근로자가 불평했다. "중동에서 근무하고 베트남에서도 일했지만 이런 곳은 본적이 없어요. 군인이 총을 들고 지키는 공단이 세상에 어디 있나요? 여기가 수용소지 공단인가요?"

대부분의 남자들은 군대 다시 온 것 같다고 한다. 군대 제대하고 꾸는 악몽은 군대 다시 가라는 영장을 받는 꿈이다. 아무리 제대증을 보여 주어도 다시 갈 곳을 종용하는 악몽이 현실로 이루어진 곳이 이곳이라고 이구동성으로 말한다. 그래서 남한에 내려왔다 다시 올라 갈 때는 마치 휴가를 마치고 부대 복귀하는 심정이다. 그리고 군대생활 오래 하면 군대생활에 익숙해져 지낼만한 것이 아니라 빨리 제대하고 싶은 것처럼 여기서 오래있으면 있을수록 더 답답하고 빨리 내려가고 싶다.

좁은 공간에서 생활하다 보니 교우들이 담배를 피우다 나를 마주하게 되는 경우가 있다. 그럴 때는 서로가 민망하다. 어떤 때는 내가 먼저 피하는 경우가 있다. 나이 든 분들이 들키면 어쩔 줄 몰라 하며 변명의 말을 늘어놓는다. "이곳에서는 답답해서 담배를 안 피울 수가 없습니다. 남한에서보다 훨씬 많이 피우게 됩니다." 답답하니 오죽하랴!

답답한 이곳에 오래 있다 보면 군대나 감옥같이 폐쇄된 공간에 있는 사람들에게 나타나는 현상이 일어난다. 머리가 단순해지고 유치해지는 것이다. 특히 먹는 문제에 예민해진다. 남한 직원이 "어제 회식을 했는데 나만 빠져 얼마나 섭섭했는지 모릅니다. 남한에서는 안 그랬는데..."라고 했다. 공감이 가는 이야기다. 남한에서는 안 먹던 과자도 먹고, 아이스크림도 주는 대로 먹는다. 이곳에서는 안 주어서 못 먹지, 주면 무엇이든지 꿀맛이다.

남한 의사가 말했다. "남한 같으면 병원에 오지 않아도 될 환자가 옵니다." 맞는 말이다. 내가 보아도 그렇다. 외롭고 답답하니까 조금만 몸이 이상하여도 병원에 와서 약을 타간다. 무료 진료인 까닭도 있다. 그러나 정신적인 이유가 더 크다. 답답한 공간에 있다 보니까 유치해지고 여려진다. 그리고 막연한 불안도 한 몫을 한다. 아프면 자기만 서럽다. 누가 위로해 주기는커녕 귀찮게 여긴다. 그러므로 건강에 신경을 쓸 수밖에 없다. 조금만 아파도 병원에 오는 것이다. 미연에 방지하자는 것이다. 또한 관심 받고 위로받고 싶은 것이다. 그리고 보면 이곳에 병원이 있는 것 자체만으로도 최소한의 역할을 하고 있는 것이다. 정신적 위로와 안정감을 주는 것이다. 그러므로 환자들에게 잘해야 한다. 주님 대하듯 해야 한다.

오늘은 분주한 하루였다. 어제 밤에 복통을 호소하던 환자가 일찍 왔다. 계속해서 복통이 심해서 견딜 수 없단다. 부랴부랴 의사를 부르고 소견서를 작성하여 후송수속을 밟았다. 처음에는 10시 출발이라고 해서 환자를 응급차에 태우고 기다렸더니 2시로 확정되었다. 환자는 다 죽는다고 몸부림치는데, 위경련 복통정도는 죽는 병이 아니니 2시

개성공단에서 십일 년

출경 팀과 같이 나가란다. 환자의 고통은 저만치고 번거로운 것이 문제다. 몇 번이고 종용했더니 참사가 군부에 전화하다 혼났단다. 계속 접촉하고 애를 쓴 끝에 12시40분에 출경하게 되었다. 남한 출입사무소에 갔더니 아직 구조대 차량이 오지 않았다. 물었더니 회사차가 와서 환자 상태를 보고 다시 불렀단다. 시간절약을 위해 환자를 태우고 통일대교 입구까지 구조대를 맞이하려고 나갔더니 이미 와 대기하고 있었다. 그런데 구조대는 관할구역이 포천이라서 요구하는 구리시까지는 갈 수 없단다. 할 수 없이 승용차에 환자를 실고 갔다. 다 죽는다고 소리치던 환자가 남한에 내려오니 좀 괜찮은 것 같단다. 답답한 공단에 있다 심해지면 어떡하나 하는 불안감이 더 아프게 만드는 것이다. 제발 건강하기를 빌어 본다(2005.11.10. 일기 중에서).

내일은 구구(9.9)절이다. 공화국 창건 기념일이다. 이곳은 쉰다. 출입경도 없다. 그래서 오늘 대거 출경하였다. 공단이 썰렁하다. 남한에 나갔다 들어오는 사람들이 이구동성으로 들어오고 싶지 않단다. 엊그제는 한전직원이 그러더니 오늘은 안전 관리팀 이 계장이 같은 말을 했다. "왜 자꾸 들어오고 싶지 않은 거지요?" 그 이유는 모두 말하지 않아도 잘 알고 있다. 한마디로 답답한 것이다. 행동반경이 좁은 것이다. 자유가 얼마나 중요한지 실감하고 있다. 마음대로 돌아다니는 것이 얼마나 행복한 것인가를 깨닫게 된다(2005.9.8. 일기 중에서).

공단에는 답답하고 외로운 마음을 달래다 예민해진 마음 때문에 동료 간에 폭력사태가 자주 발생한다. 아침에 머리에 둔기에 의해 상처가 난 환자가 찾아 왔다. 그 이유를 물으니 동료들과 술 마시다가 만취 상태에서 말다툼이 일어났고, 분노를 이기지 못해서 주변에 있던 소화기 여섯 개를 쏘아대며 전쟁터를 방불케 했다는 것이다. 그 와중에 머리를 맞아 상처가 났다는 것이 환자를 데려온 목격자의 증언이다. 평소에 억압된 분노가 일시에 분출된 사건이다. 한마디로 뚜껑이 열린 것이다. 부글부글 끓던 용암이 분출된 것이다. 조금씩 평소에 여러 가지 통로를 통해서 미리 배출하는 지혜가 필요하다.

김범수 주연의 한국영화 '이대로 죽을 순 없다'를 보았다. 형사 코믹물이다. 형사 이름이 '이대로'이다. 엉터리 형사다. 뇌 암이라는 판정을 받고 보험을 들어 어떻게든 죽어 딸에게 보험금 10억을 남기려고 애를 쓴다. 이런 저런 방법을 다 동원하지만 뜻대로 죽지 못한다. 그런 영화다. 이대로 형사의 모습을 보면서 성경 말씀이 떠올랐다. "죽고자 하는 자는 살고, 살고자 하는 자는 죽는다." 그렇다. 죽을 각오만 되었다면 어떤 형편에서든지 살 수 있다. 그래서 다짐한다. 죽을 것 같이 답답한 현장이지만 주안에서 죽으리라는 각오로 살리라.

공단 내에서만 생활하다 보니 갇힌 기분이다. 그래서 앞에 보이는 야산이라도 개방해 줄 것을 관리위원회에 요구했다. 곳곳에 북한의 군사시설이 있는데 가당치도 않은 소망인 줄 알면서도 말이다. 왠지 어디론가 오르고 싶은 것이다. 중국 장춘 시에 있는 어느 공원에 갔더니 20M정도의 인공 언덕을 만들어 놓았다. 구경 온 사람들이 그곳에 오르락내리락 하는 것을 보았다. 가도 가도 끝없는 만주 벌판에 살고 있기에 이렇게 공원에 조그마한 언덕을 만들고 높은 곳에 오르고 싶은 욕구를 충족시키는 것이다. 우리는 눈앞에 송악산, 화장산을 두고도 오르지 못하는 욕구불만이 있다. 그래서 답답하다.

의류업체 공장장이 계속 아프다. 감기가 계속된다. 현장에서 스트레스가 많은 모양이다. 이곳에 오면 혈압이 올라가고, 집에 가면 잘 자는 데 이곳에서는 잠이 오지 않는단다. 자다가도 벌떡 일어난단다. 북한 참사들이 찾아오면 잘못한 것도 없는데 긴장이 되고 가슴이 두근거린단다. 북한 사람들과 함께 일 하는 것이 그리 쉽지 않은가 보다. 시간이 가도 서로 함께 하는 것이 어렵단다. 정신적 문제가 심각하다. 일종의 개성공단 증후군이다. "주여, 저들의 마음과 생각을 지켜주옵소서!"(2005.10.24. 일기 중에서).

'아수라'라는 제목의 홍콩영화를 보았다. 영화 대사 중에 가슴에 와 닿는 것이 있다. "풀지 못할 문제는 없다. 다만 풀 수 없다고 생각하는 것이 문제다." 그렇다. 이 세상에 풀지 못할 문제는 없다. 풀 수 없다고 포기하는 것이 문제다. 사도 바울 고백처럼 내게 능력 주시는 그

분 안에서 모든 것을 할 수 있다는 믿음으로 나아가는 것이다. 그러면 어떤 문제도 우리 앞길을 막을 수 없다. "주님, 이 개성광야의 답답한 울타리도 뛰어넘을 수 있는 믿음을 주옵소서!"

오늘도 응급후송이 있었다. 지난주 중장비에서 떨어져 다리를 조금 다친 환자가 이곳에서는 도저히 답답해서 일 할 수 없으니 나가고 싶다고 요청해 이루어진 것이다. 이곳에서 일하는 것이 그렇게 힘든 모양이다. 더욱이 사장과의 관계도 좋지 않아 더 이상 일하고 싶지 않다고 했다. 이곳에서는 좁은 공간에서 일하기 때문에 인간관계가 악화되면 더 고통스럽다. 한 방에서 여럿이 생활하는 사람들은 심각하다. 생활습관이 달라 일찍 자고 싶은데 늦게 까지 TV를 본다든지, 또는 코를 심하게 곤다든지 하면 괴롭다. 하루 이틀도 아니고 그런 상황이 지속되면 견딜 수 없어 숙소문제 때문에 철수 하는 사람도 많이 있다. 아무튼 그 환자는 이 답답한 현실을 벗어나고 싶어 지금 응급후송을 핑계 삼아 남한으로 피난을 간 것이다. 그 환자의 모습 속에서 이곳 생활의 어려운 단면을 보는 것 같아 슬프다(2005.12.16. 일기 중에서).

남한 근로자들의 정신건강이 심각하다. 건설회사 직원이 답답함을 호소했다. 대체할 사람만 있으면 남한으로 빨리 내려가고 싶다고 했다. 저녁 6시 이후가 되면 정신이 멍해진다. 잠자다 새벽에 깨면 멍하니 앉아 있단다. 정도가 매우 심각하다. 이 분만이 아니라 이곳에 있는 많은 분들이 똑같은 증세를 보인다는데 문제의 심각성이 있다. 바로 이 문제로 후송을 간 사람도 있다. 세월이 가면 적응이 되는 것이 아니라 점점 더 어려워진다니 어떡하면 좋을까? 근로자들의 이야기를 듣고 있자니 내 자신도 답답해진다. 그러고 보면 나도 가끔 우울한 기분이 들고 가족에 대한 회한 때문에 눈물이 나곤 한다. 나도 정신적으로 고통당하고 있음에 틀림이 없다. 나는 이러한 답답함과 여러 가지 스트레스 때문에 면역력이 떨어져 대상포진과 폐렴이 걸려 고생을 한 적도 있다.

김 선생이 한마디 했다. "이곳에서는 화내지 않아도 될 일로 화를 내고 소리 지르지 않아도 될 일로 소리를 지릅니다."

5개월 동안 봉사하던 남측 간호사가 낮부터 몸부림을 쳤다. 그러더니 급기야 밤늦게 복통을 호소하였다. 응급후송을 하기로 했다. 절차를 밟아 응급차에 싣고 내려오는데 간호사가 물었다. "지금 어디에요?" 내가 "군사 분계선을 넘어 남한으로 내려왔어"하니 언제 그랬냐는 듯이 벌떡 일어나 앉았다. 오죽 답답했으면 그랬을까? 서울역에 가니 기차가 없어 찜질방에 내려 주었다. 나도 이때다 싶어 집사람이 있는 안산의 처가로 달렸다. 야호!

감옥과 수도원의 공통점은 고립되어 있다는 것이다. 단 하나 차이가 있다면 그곳의 사람들이 불평을 하느냐 감사를 하느냐이다. 감옥이라도 감사한다면 수도원이 될 수 있다(**마쯔시타 고노스케**). "주님, 범사에 감사함으로 감옥 같은 개성공단이 수도원으로 변화되게 하옵소서!"

2) 관계적 답답함

남한 간호사의 말이 북한 사람들과의 관계를 잘 요약하고 있다. "생각하면 불쌍하고 마주 대하면 짜증나요."

북한 사람들 역시 같은 조선말을 사용하니 뭔가 통할 것 같다. 그러나 현실은 그렇지 않다. 체제도 다르고 문화도 다르고 삶의 방식도 다르다. 그리고 사적인 대화도 불가능하다. 그리고 대화의 내용이 한정되어 있다. 가까이 하기에는 너무 먼 당신들이다. 의사소통이 잘 안된다. 북한 사람들은 남한 근로자들이 너무 외래어를 사용해서 무슨 말인지 모르겠다고 투덜거린다. 통역이 필요할 정도이다.

북한 말도 많이 다르다. 먹을 것을 주면 "일 없습니다"라고 해서 "무슨 일이 없느냐?"고 하니, '괜찮다'는 뜻이란다. 여성동무가 "살을 까야겠다"고 해서 "살을 깐다고?"하니 '살을 뺀다'는 의미란다. 남한과 명칭이 바뀐 것도 있다. 북한 식당에 가서 밥을 먹는데 "오징어입니다"라고 내놓는데, 보니 낙지였다. 그 다음에는 낙지를 내놓으면서 오징어라고 했다. 언제부터 그렇게 불렀냐고 물으니 모른다고 했다. '아마 신과 같은 존재인 저들의 지도자가 어느 날 착각해서 잘못 말했는데 감히 어느 누구도 지적 할 수 없어 앞으로는 바꾸어 부르자고 한 것이 아닐까?'라고 추측해 본다. 그런가 하면 족발을 발족이라고 부른다. 이밖에도 다른 단어가 수두룩하다. 말마저 통하지 않아 답답하다.

은행직원이 북한식당에서 북한 참사와 대화하다 실수를 해서 큰일날 뻔했다. 북한 참사가 "우리 장군님 두리(둘레)에서" 하니까 귀가 좋지 않은 은행직원이 "장군님이 둘입니까?"라고 물었다. 이것은 "하나님이 둘입니까?"라고 묻는 것과 같은 신성 모독적인 발언이다. 그러니 참사가 가만있을 리가 없다. 버럭 화를 내며 소리를 질렀다. 그 자리에서 빌고 또 나중에 찾아가 사죄하는 것으로 일단락되었다. 하마터면 정말 큰일 날 뻔했다. 북한 말 '두리'가 '둘레'라는 뜻인 줄 모르고 '둘이'라고 생각하여 발생한 사건이었다. "늘 입조심 하게 하옵소서!"

북한에서는 '까꿍'을 '께꼬'라고 한다. 내가 북한 간호사들에게 '께꼬'를 했더니 우스워 죽겠다고 한다. 제일 먼저 언어부터 통일해야겠다.

식당입구에서 식권을 받는 북한 여성에게 "계속해서 수고하라"고 하니 표정이 어두웠다. 그리고 "왜 계속해서 수고해야 됩니까?"하며 쏘아댔다. 순간 당황했다. 다가가서 "아직 퇴근 안 했으니 그때가지 계속 수고하라는 뜻입니다"라고 설명했다. 그러나 못 알아먹는 표정이었다. 대화하기가 정말 힘들다는 것을 새삼 깨달았다.

토목현장의 나이 많은 분이 남한에서처럼 북한 젊은이에게 이름을 불렀더니 왜 선생이라는 호칭을 사용하지 않느냐고 항의하더란다. 나도 북한 아가씨에게 ○○씨 하고 불렀더니 "선생님은 가족에게도 '씨'를 붙입니까? '동무'라고 부르십시오"라고 했다. 문화차이가 심각하다.

서 간호사가 마트의 김 동무에게 '아오지 탄광'을 아느냐고 물었다. 내가 왜 그런 것을 물었느냐고 하니 그러지 않아도 걱정이 태산 같단다. 서 간호사는 김 동무의 표정이 궁금하다면서 살피러 갔다 오더니 괜찮은 것 같다고 했다. 그런데 다음날 김 동무가 서 간호사에게 물었다. "언니, 어제 물은 탄광이 어디야?" "아니야, 괜찮아"하고 간호사가 사양해도 "아버지에게 물어 보려고 하니까 적어 줘요"라고 했다. 할 수 없이 손바닥에 아오지라고 적어 주었다. 그러고는 간호사가 불안해했다. "부원장님, 이 일로 추방당하는 것 아니에요?" 덩치는 큰데 마음은 약하다. 아오지 탄광이라면 이곳에서는 언급하고 싶지 않은 곳인데 괜히 물어서 걱정이다. 지도를 함께 보다가 자연스럽게 묻게 된 것인데, 이곳에서는 대화에 한계가 있음을 다시 한 번 깨닫게 된다.

남한에서 7월 27일이 무슨 날인 지 아는 사람은 많지 않다. 6.25 전쟁 휴전일이다. 그러나 북한에서는 조국해방전쟁 승리를 기념하여 지키는 '전승기념일'이다. 저들 말로 미제들을 이 땅에서 몰아내고 해방시킨 승리의 날이라고 대대적인 행사를 벌인다. 한 사건을 이렇게 다르게 해석 할 수 있을까? 달라도 너무 다르다.

　　화장품 용기를 만드는 공장의 기술팀장이 눈이 아파 후송하였다. 이렇게 아픈 이유는 북한 근로자들에 대한 스트레스 때문이라고 한다. 새로운 용기를 만들 금형을 새로 만들라고 지시하면 "이제 좀 손에 익었는데 또 새로 만들어야 합니까?"라고 했단다. 그리고 금형 대신 도끼나 칼 같은 생활용품을 만든다는 것이다. 그러니 스트레스를 안 받을 수 있느냐고 호소했다. 가까이 하기에는 먼 당신들이다.

　　북한은 아직도 남성이 지배하는 봉건주의적인 삶을 살고 있다. 무거운 짐도 여성들이 들고 남성들은 뒷짐 지고 간다. 좀 들어 주라고 하면 "왜 내가 들어야 합니까?"라고 반문한다. 내가 남한에서는 여자에게 맞는 남자도 있다고 하니 어이가 없다는 표정을 한다. 남한에서 기를 못 펴고 사는 남자들은 부러운 곳이 바로 이곳이다.

　　신발공장 여직원이 과호흡 증후군으로 발작을 일으켰다. 급히 응급차를 몰고 가 병원으로 이송하였다. 숨을 가쁘게 쉬며 연실 소리를 질렀다. 뭔가 맺힌 게 있는 모양이다. 본래 신경이 예민한 여인인데 공장에서 북한 근로자들이 말을 듣지 않고, 그것도 모자라서 상부에 거짓을 꾸며 보고했단다. 심지어 모욕적인 발언을 하며 몸싸움까지 했단다. 침대에 누워있으면서도 분한지 계속해서 중얼거렸다. 이를 보고 있던 간호사가 말했다. "왜 미치지 않겠습니까? 정상인 사람이 이상하지." 결국 그 환자는 도저히 견딜 수 없어 남한으로 철수하였다.

의류공장의 남한 직원이 손등이 퉁퉁 부어 병원에 왔다. 처음에는 부딪혔다고 하더니 내가 집요하게 물으니 신경질이 나서 사람을 칠 수는 없어 벽을 쳤다고 자백했다. 왜 아니겠는가? 이곳에 있는 것만으로도 답답해 죽겠는데 북한 근로자들이 말을 안 들으니 그럴 수밖에 없다. 참자니 열나고 때리자니 할 수 없고, 그래서 애꿎은 벽을 쳐서 손등이 부어 오른 것이다. 이것이 개성공단의 아픔이다.

어느 공장 직원은 밤마다 아버지를 목 졸라 죽이는 악몽에 시달리다가 결국 남한으로 철수하고 말았다. 얼마나 시달리다 스트레스를 받았으면 다른 사람도 아닌 아버지를 목 졸라 죽이는 꿈을 꾸었을까?

의류업체 법인장이 식당에 갔더니 선생님은 항상 근심이 많은 것 같다며 주변 사람들에게 도와주라고 하더란다. 이 이야기를 듣고 신앙인으로서 모범을 보여야 하는데 그렇지 못한 것 같아서 회개를 했다고 말한다. 나도 마찬가지다. 은행직원이 "부원장님, 들어올 때는 얼굴이 훤하다가 며칠이 지나면 어두워집니다"라는 소리를 가끔 듣는다. 아무리 노력해도 답답한 속내가 드러나는 모양이다. 어쩔 수 없는 현장이다.

은행직원이 북한 여직원과 힘께 차를 타고 업무를 보기 위해 이동하는데 북한 차량이 따라왔다. 이리저리 피해 다녔는데 끝까지 따라와 북한 여직원을 혼냈다. 왜 남한 직원과 혼자 차를 같이 타고 다니느냐는 것이 그 이유다. 이곳에서는 업무상 같이 다니는 것도 문제다. 제한된 공간에서 같이 이야기를 하는 것이 문제가 되는 것이다. 이곳에서는 북한 사람과 단 둘이서는 대화할 수 없다. 아무리 높은 지위에 있는 사람도 남한 사람과 대화하려면 다른 사람이 반드시 동석하여야 한다.

남한 직원이 작업 중에 자고, 심지어 목욕하는 북한 근로자들을 찾아내 야단치고 그러지 못하게 했다. 자리를 비운 북한 근로자들을 찾아다니느라 급한 마음에 제대로 노크하지도 못하고 방문이나 샤워실 문을 열기도 했다. 이것이 화근이 되었다. 북한 당국은 "당신은 공단에 무엇 때문에 왔느냐? 일하러 왔으면 일이나 하지, 남의 뒤나 캐고 다니고, 노크도 하지 않고 문을 열고 다니며, 인권을 침해하느냐"라고 몰아붙여 일도 못하고 추방 되었다.

남한 직원에겐 인사권도 특별히 지시권도 없다. 직장대표, 총무 그리고 반장으로 이어지는 지휘체계에 따라 움직인다. 책상을 옮기라는 사소한 업무지시를 해도 "우리 직장대표에게 말씀하십시오"라고 한다. 어느 회사 사장이 흥분하며 말했다. "세상 어디에 월급 주는 사람이 종업원에게 제발 일 좀 잘해달라고 비는 데가 있습니까?" 바로 개

126

성공단이 그런 곳이다.

대북 사업하는 사람이 오히려 반공주의자가 되었단다. 북한의 실상을 알면 알수록 짜증나기 때문이란다. 남한 직원이 "북한에 대해 잘 못알고 동경하며 이상한 말을 하는 남한 사람들은, 이곳에서 한 달만 북한 사람들과 일하게 하면 모두가 다 달라질 것입니다"라고 했다. 옳은 말이다.

개성공단은 제정신으로는 살기 힘든 곳이다. 남한의 본사는 이곳의 사정도 모르면서 다구치고, 북한 사람들은 말을 듣지 않고 미칠 지경이다. 어디에다 하소연 할 데도 없다. 그래서 남한 출입사무소에 휴대폰을 맡길 때 간과 쓸개도 함께 맡기고 들어온다. 도사가 되지 않으면 이곳에서 살 수 없다. "주여, 제발 살려 주옵소서!"

공단에서 받는 스트레스의 원인을 대화 하는 중 알게 되었다.

1. 폐쇄된 공간이 가져오는 억압감.
2. 일이 끝난 후에도 여전히 같은 곳에 있어야 하는 것
   (퇴근이 없는 것과 마찬가지이다).
3. 스트레스를 해결 할 창구, 문화시설이 없다는 것.
4. 선택의 여지가 없는 음식(배달음식이 없다).

개성공단에서 십일 년

5. 북한 근로자들과 자유롭게 대화 할 수 없는 분위기

   (항상 긴장된 관계 유지하게 된다).

이러니 답답하고 스트레스를 받아 개성혈압이 오른다.

오늘은 주일이다. 예배를 경건하게 드렸다. 설교 본문은 이사야 55장 6-13절이다. 하나님의 방법과 인간의 방법이 다름을 강조하였다. 특별히 무엇이든지 때가 있음을 설교했다. 그런데 우리는 그 때를 기다리지 못한다. 그리하여 과정을 무시하고 빠른 결과를 얻으려고 한다. 이것이 우리를 괴롭게 하는 것이고 쉽게 포기하게 하는 것이다. 그러나 과정이 필요하다. 절차와 단계가 필요하다. 이것을 무시하려고 하는 것이 세상이다. 이것을 뛰어 넘으려는 것이 세상철학이다. 그러나 하나님은 과정을 중요시한다. 꼭 필요한 과정을 뛰어넘게 하지 않고 무시하지도 않는다. 하나님은 반드시 우리의 수고에 합당한 열매를 맺게 하신다. 그분은 반드시 그렇게 하신다. 이것이 우리의 믿음이다. 이 믿음이 있기에 우리에게는 소망이 있다. 소망이 있기에 오늘 어떤 어려움도 이겨낼 수 있다. 소망이 없다면 그곳이 어디든지 지옥이다. "주여, 내일에 대한 꿈과 소망을 주옵소서. 그 소망으로 이 외로움, 이 적막함, 이 괴로움을 이겨내게 하옵소서. 무엇보다도 이 답답한 현실을 이겨내게 하옵소서!"(2005.10.9. 일기 중에서).

3) 심리적 답답함

많은 분들이 묻는다. "북한 사정이 어때요? 방송에 보도되는 것처럼 그렇게 어려운가요? 탈북자들의 말이 사실인가요?" 맞다. 한마디로 말하면 아무것도 없다고 해야 옳다. 6.25 전쟁 직후의 모습과 같다. 북한 근로자들은 그런 상황에서 미군 부대에 취직 한 것이나 다름없다. 북한 사람들의 한심한 상황을 보면서도 어찌할 수 없는 무기력함이 정말 답답하다. 도와주고 싶어도 답이 없는 현실이 고통스럽다.

—

발
싸
개

전기가 없다. 개성공단은 불야성이지만 주변 북한 마을은 연일 깜깜하다. 저들 말에 따르면 하루에 몇 시간 들어온다고 하는데, 그것도 사실이 아니다. 듣자니 요일을 정하여 동네마다 나누어서 공급된다고 한다. 그것도 언제 들어올지 몰라 아예 전기스위치를 항상 켜놓고 있다고 한다. 이런 것이 습관이 되어서 공단에서도 일마치고 전기를 끄는 법이 없다. 그래서 공장마다 전기 끄는 사람을 정해 놓았다. 남한에서는 없는 역할이다.

집에도 전기가 들어오지 않는데 밖에 불을 키는 일은 상상도 못한다. 반면에 공단의 가로등이 밤을 밝힌다. 그러므로 북한 주민의 시선은 곱지 않다. 저들은 집안에서도 전기가 들어오지 않아 캄캄한 밤을 보내는데 길거리에 그 귀한 전기 불을 키고 낭비하고 있으니 말이다.

전구도 없다. 공단을 저녁에 산책하다보면 어쩌다 북한 주민의 집에 불이 켜져 있는 것을 본다. 그렇게 반가울 수 없다. 그런데 함께 산책하던 분이 새어 나오는 불빛을 보고 "불빛이 하얀 것을 보니 우리 회사 전구를 훔쳐 간 것 같네"라고 했다. 왜냐하면 저들의 전구를 사용하면 붉은 빛을 띠기 때문이다. 그래서인지 공장마다 전구 도난사건이 잦다. 심지어 엘리베이터의 전구도 빼어 가고 자동차 안의 전구도 없어진다. 한심하고 답답하다. "주여, 이 땅에도 밝은 빛을 주소서!"

운동을 하다 보니 경의선 선로에서 수십 명의 북한 군인들이 화물기차 한 칸을 밧줄로 묶고 양쪽에서 끌고 간다. 화물칸에는 추수한 볏단이 잔뜩 쌓여있다. 운반할 수단이 없으니 군인들이 기차 화물칸을 끌고 가는 것이다. 세상 어디에서도 볼 수 없는 신기하고도 가슴 아픈 광경이다.

초창기에는 공단에 울타리가 없었다. 그러므로 외부 사람들이 공단에 쉽게 들어 올 수 있었다 그러다 보니 도둑맞는 일도 있었다. 마트와 식당 창고가 표적이 되었다. 초등학생이 물건을 훔치다 들켜 안전관리팀에서 조사를 받기도 했다. 그런가하면 군인들이 식당 창고에서 기웃거리다 발각되기도 했다. 우리의 법이 미치지 못하기 때문에 붙잡아도 훈방 조치 외에는 별도리가 없다. 주목할 것은 군인들조차 배고프다는 것이다. 우리가 알기로는 선군정치를 하기에 군대만큼은 배급이 잘되어 부족함이 없는 줄 아는데, 여기 와보니 그렇지 않다는 것을 알게 되었다. 군인들도 보급이 제대로 안 되어 주식 외에 부식은 자체조달하게 되어 있단다. 그러니 텃밭을 가꿀 수밖에 없다. 산 정상에도 밭이 있는 것을 보게 되는데 군대의 텃밭인 것이다. 군인들이 그러니 일반 인민들은 오죽하겠는가. 미루어 짐작할 수 있는 일이다.

공단을 지키는 것인지 감시하는지 모르지만 울타리 주변에 북한군 초소들이 있다. 초소병들에게 식사를 나를 차량이 없어서 네 명의 군인들이 음식을 단가를 메고 운반하는 것을 보고 놀랐다. 차량이 있어도 기름이 절대 부족해서 공급이 안 된다고 한다. 그러니 각 공장에서 운행하는 차량에 공급되는 기름이 외부로 유출되는 것을 막을 수 없다. 북한 응급차에도 기름을 자주 넣어서 운행일지를 작성하도록 하여 통제하려고 하였으나 결국 실패하였다. 개성 시까지 10km밖에 되지 않는데 30km라고 적는데 어찌하랴? 그리고 응급차 뒤에 기름통 두 개를 버젓이 실고 다닌다. 심지어 타이어까지 바꿔치기하는 바람에, 타이어 일련번호를 적어 놓지만 다 쓸데없는 짓이다. 개성시내에 목탄차가 다니니 어쩔 수 없는 일이다. 공단에 출입할 때 북한 군인들이 탄 선도차와 몇 번이나 충돌할 뻔 했다. 왜냐하면 기름을 조금이나마 아끼려고 비탈길에서는 시동을 끄고 내려오다가 평지에 오면 시동을 다시 거는데, 그 순간 차가 일시적으로 멈추기 때문에 그런 줄도 모르고 따라 붙다가 충돌을 할 뻔 했다. 나만 그런 것이 아니라 다른 사람들도 같은 경험을 했다고 한다. 없어서 일어나는 안타까운 일이다.

북한군 고급 장교가 발을 치료하기 위해 병원에 왔다. 치료하기 위해 양말을 벗으라고 하니 한참 걸렸다. 그래서 보니 양말을 벗는 것이 아니라 풀고 있는 것이었다. 그것이 귀로만 듣던 발싸개라는 사실을 알고는 놀라 넘어질 뻔했다. 선군정치를 한다며 모든 것이 우선 지급된다는 군대의 장교가 저 정도이면 나머지 사람들의 모습은 말 안 해도 된다. 북한 근로자들 특히 남자 근로자들을 보면 영하권 날씨에도 맨발로 일하는 사람들이 있다. 맨발로 배구를 하는 사람들도 흔히 볼 수 있다. 여성가운데도 공장에 나와 양말을 빨아 널어놓고 맨발로 일하는 모습을 쉽게 볼 수 있다.

북한 병원에 남한 산부인과 의사가 협진 하러 갔다가 헐레벌떡 뛰어 왔다. 무슨 의료사고라도 일어났는지 알았다. 그런데 충격적인 이야기를 전했다. 산모가 와서 진찰을 하는데 청진기가 아닌 깔때기를 대고 진료를 하더란다. 해도 해도 너무하는 것 아닌가?

북한 여성근로자가 기계에 손가락이 뭉개진 상태로 왔다. 마취도 하지 않고 수술용 도구가 아닌 전기 줄을 자르는 니퍼로 손가락을 잘랐다. 남측 의료진이 그렇게 하면 어떻게 하느냐고 항의하니 천연덕스럽게 "우리는 근본적이고도 원천적인 수술을 합니다"라고 했단다. 그러고 보면 그런 것 같기도 하다. 그렇게 하면 추후 조치를 하지 않아도 되기 때문이다. 물론 없어서 그런 것이지만 환자의 앞날은 조금도 생각하지 않는 저들이 밉다. 그리고 여성 환자가 걱정된다. "주여, 긍휼을 베풀어 주옵소서."

손가락 접합수술을 받았던 북한 근로자가 남한 근로자의 손에 이끌려 왔다. 남한 의사의 말에 의하면 집에서 실을 뽑은 것 같단다. 벌어진 상태에서 실을 뽑아 엉망진창이 되었단다. 답답한 마음에 한숨이 절로 나온다. 이렇게 굳어진 체제에서 고통당하는 것은 힘없는 인민들뿐이다. "주여, 긍휼을 베풀어 주옵소서."

안타까운 것은 북한 근로자들이 병원에 오는 것이 통제되고 있다는 것이다. 이유는 북한 병원에서 치료하란 것인데, 열악한 북한 병원의 상황을 보면, 그것은 치료하지 말라는 것과 같다. 사실 우리가 온것은 남한 근로자 때문이 아니라 북한 근로자의 치료와 더 나아가서는 북한에 병원을 세워 저들을 섬기는 것이다. 그러나 현실적으로 요원한 일이다. 바라는 것은 남한 근로자들을 통해서라도 많은 약을 북한 근로자들에게 전달해 주었으면 하는 것이다. 그렇게 해서라도 우리의 목적을 달성했으면 얼마나 좋으랴!

북한 근로자들을 위해 약을 타가는 남한 근로자들이 많다. 처음에는 갖다 주어도 거절했는데 먹어보니 너무 잘 치료가 되니까 적극적으로 요구한단다. 저들은 약을 안 먹어봐서 약을 먹으면 금방 낫는다고 한다. 그런데 매번 화가 나는 것은 세관원이나 참사들은 병원에 자주 들러 약을 타가고 포도당을 챙겨 가면서 일반 근로자들은 병원에 못 오게 한다. 오늘도 세관원 둘이 와서, 애 크는데 필요한 약, 설사 멈추는 약, 포도당 등을 요구했다. 주긴 주면서도 그리 탐탁하지 않다. 정말 환자에게 사용한다면 좋지만 들리는 소문처럼 장마당에 팔아먹는다면 곤란하다(2005.7.30. **일기 중에서**).

오늘 박 선생을 통해 위장장애의 주원인이 스트레스임을 알게 되었다. 북한 근로자들이 자주 배 아파하는 이유도 스트레스가 아닐까 한다. 경직된 체제 속에서 서로 감시하고 고발하면서 살아가려니 스트레스가 없다면 거짓말이다. 스트레스를 받으면 위산이 과다하게 분비된다. 그리고 제대로 먹지 못해 빈속이다. 그러니 위가 상할 수밖에 없는 것이다. 게다가 약이 없어 소화제 대신 소다를 먹으니 위가 정상일 수 없는 것이다. 안타까운 현실이다(2005.9.8. **일기 중에서**).

공장에 의사와 함께 왕진을 갔다. 21살 먹은 북한 여성근로자가 발가락에 상처가 심해 치료하러 간 것이다. 병원에 가자해도 "일없다"라며 사양해, 할 수 없이 며칠 전 의사가 가서 치료했고, 어제는 남한

개성공단에서 십일 년

직원이 데리고 온다고 해서 기다렸는데 오지 않아 찾아 간 것이다. 갔더니 상처가 심하다. 그런데도 괜찮다고 하며 계속 치료해야 되는지, 주사를 또 맞아야 하는지를 물었다. 약도 없고 병원에 가봐야 별 도움이 안 되는 생활이 이어지다 보니 웬만하면 참고 견디는 것이 몸에 밴 것이다. 게다가 남한 병원에 오는 것도, 남한 의사에게 치료를 받는 것도 어려운 현실이 참으로 슬프다(2005.9.21. **일기 중에서**).

시계 만드는 공장의 북한 근로자가 기계에 옷이 빨려 들어가 크게 다쳤다. 무엇보다 목이 부러지지 않았는지 걱정이었다. 응급차로 현대아산 쪽에 있는 북한 진료소에(**처음에는 남북병원이 따로 있었다**) 데려다 주었는데 안을 들여다보니 침대하나 달랑 놓여있었다. 의료장비는 하나도 없었다. 약품은 현대아산에서 지원하고 있다고 한다. 데려다 준 환자가 걱정된다. 어떻게 치료할까?

북한 병원에는 약이 없어 장마당에서 사와야 한다. 그래서 민간요법이 많이 사용된다. 북한 간호사가 병원에서 팥을 삶아 그 물을 마신다. 이유를 물으니 콩팥이 안 좋아 마신단다. 그러면서 "팥이 콩팥과 닮지 않았습니까?"라고 했다. 이것이 저들의 현실이다. 또 다른 민간요법으로, 발이 다쳐 곪아 터진 곳에 깻잎을 덮어 놓는다. 겨울에 감기 걸리면 마늘을 코에 꼽거나 입에 물고 다닌다. 그 모습을 보면 우습기도 하면서 왠지 슬프다.

아침 일찍 참사들이 왔다. 개성 시 인민 위원장이 연탄가스 중독으로 위험하단다. 그래서 의료산소통 하나와 산소 호흡기를 주었다. 나중에 산소통을 반납하러 와서 덕분에 건강이 회복되어 감사하다고 인사를 전했다. 이일로 북한 당국이 병원을 바라보는 시선이 달라졌다. 처음에는 "우리도 의료수준이 세계적인데 무엇 때문에 이곳에 왔느냐"며 곱지 않은 눈으로 바라보았다. 그런데 의료산소로 인민위원장의 목숨을 살림으로 꼭 필요한 병원이라는 인식이 생겼고 우호적인 관계로 변화되었다.

겨울만 되면 북한 참사들이 부리나케 산소통을 가지러 온다. 연탄가스 중독이 많아지기 때문이다. 한번은 북한 참사가 와서 산소 호흡기를 달랬다. 산소통은 필요 없느냐 하니 산소통은 이미 현대아산에서 얻어 났다고 했다. 이상해서 다시 물으니 충격적인 대답을 했다. "현대아산에서 공업용 산소를 하나 빌렸습니다." 이런 세상에! 공업용 산소로 무얼 한다는 말인가? 의료용 산소가 따로 있다는 사실조차 모르는 이 땅이 그저 답답하다. 연탄가스만이 아니다. 나무연기에 중독되었다고 산소통을 가지러 온다. 난방을 위해 땔 때는 나무연기가 방에 스며들어 중독이 된 것이다. 난방도 제대로 안 되는 집 구조가 문제고, 중독되었을 때 사용할 산소통도, 호흡기도 없다는 것이 또 문제다. 온통 문제투성이가 이곳이다. "주여, 제발 이 땅의 황무함을 보소서!"

속내의를 만드는 공장에서 하루저녁에 500벌이 사라진 사건도 있었다. 팬티가 어디 갔느냐 하니 "팬티 아닙니다. 빤츠라고 말씀하십시오" 하더란다. 웃을 수만은 없는 이곳 현실이 답답하다. 듣자니 북한 근로자들 사이에서는 도둑질은 하되 떼도둑은 안 된다고 강조한다는데 실제는 아닌 모양이다. 숙소를 짓는 건축현장에서 대형 페인트 통이 30개가 없어졌는데 신축중인 북한 식당에서 발견되었다. 차떼기를 한 것이다. 이는 조직적인 사건임에 틀림없다.

의류업체 이 실장이 여자 화장실에 천들이 널려 있어 냄새를 맡아보니 지독했다. 알아보니 빨아 너른 생리대용 천이었다. 북한은 일회용 생리대가 없다. 그래서 여성들이 좋아하는 선물이 일회용 생리대다. 안타까운 현실이다.

7월에도 내의가 없어 겨울 내의를 입고 있는 북한의 남자 근로자들이 많다. 여자들은 빨간 내의를 잘라 입은 사람도 있다. 참으로 답답하고 슬프다.

은행의 김 동무가 말하길 북한에서는 고급 팬티스타킹 하나가 북한 돈으로 1000원이란다. 스타킹은 얇아 속이 보인다고 해서 유리양말이라고 부른다. 그런데 이 고급스타킹이 북한 근로자 임금의 3분의 1에 해당하는 고가에 팔리고 있다. 보통 북한 근로자의 월급이 북한 돈으로 3,000원 밖에 안 되기 때문이다. 그런데 김 동무는 색깔이 있는 것은 싫고 흰색을 좋아 한다고 말했다. 이런 얘기를 하고 있는 이유는 필요하니 사다 달라는 것이다. 잘 알아들어야 한다.

우리가 공단에 들어 올 때 차량과 소지품을 자세히 살핀다. 그 이유는 신문이나 휴대폰 등 금지 품목을 찾기 위한 목적이다. 그러나 더 중요한 목적은 저들이 필요한 것이 있나 없나를 찾기 위해서다. 원하는 물건이 있으면 노골적으로 달라고 하는 세관원도 있다. 그러나 저들도 자존심이 있는지라 간접적으로 뜸을 들인다. "이것은 어디에 쓰는 물건입니까?"라고 하며 계속해서 만지면 그것은 100% 달라는 뜻이다. 이를 알아차리고 필요하냐고 물으면 기다렸다는 듯이 잽싸게 집어넣는다. 이렇게 한 번 거래가 성사되면 이제는 적극적으로 사다 달라고 요청한다. 품목도 다양하다. 기타, 보청기, usb, 보톡스, 영양제, 심지어 나도 모르는 물건을 요구한다. 한번은 허리띠 버클에 시계가 있는 것을 사다 달란다. 나는 본 적이 없다고 하니 옆 동료가 남한 사람이 사다 줘서 이미 차고 있단다. 남한 근로자에게 물으니 골프 치는 사람들이 차고 다니는 것이란다. 나는 골프를 안 치기 때문에 전혀 모르는 물건인데 사다 달라니 미칠 지경이다. 당장은 마음이 불편하지만 거절하는 것이 상책이다. 제일 골치 아픈 사람들은 바로 매일 물건을 실어 나르는 트럭 기사들이다. 뭐라도 주지 않으면 물건을 다 뒤집어놓고 귀찮게 하니까 아예 차량 선반에 담배 같이 저들이 선호하는 물건을 놓아둔다. 그러면 자연스럽게 자기 것인 양 가져간다. 나도 들어 갈 때 껌을 항상 가져가는데 못 받은 친구들이 내가 준 것을 알고는 나올 때도 "김 선생, 껌 없습니까?"라고 묻는다. 없어서 그러려니 해도 이런 일이 계속되면 짜증난다.

북한 근로자들이 공장 건축할 때에 저녁근무를 원했는데 그것은 남한 식당에서 식사를 할 수 있기 때문이다. 대부분 남한 근로자의 3배를 먹는다. 식당관계자는 이래서는 식당 망한다고 북한 근로자는 남한 근로자의 최소한 2배의 밥값을 달라고 요구했다. 그러나 거절당했다.

먹을 식량도 절대적으로 부족하다. 그래서 공단에서는 식자재 도난사건이 비일비재하다. 병원에서 구내식당이 보이는데 식자재가 남한에서 오는 날이면 북측차량이 뒤에 대기하고 있다가 박스채로 빼돌리는 것을 자주 목격하였다. 그렇다고 어찌할 수도 없다. 고위직이 개입된 조직적인 행동이기 때문이다. 범죄 커넥션이 있다. 개인적으로 물건을 가지고 가고 싶어도 먼저 공장 경비를 매수해야 한다. 그 다음에는 버스기사이다. 버스기사는 짐을 검사하는 세관원과 거래한다. 그래야 무사히 훔친 물건을 가지고 공단을 나설 수 있다. 그러므로 식당 종업들은 타는 버스만 탄다. 아무리 늦어도 관계된 기사가 올 때까지 기다린다.

어느 공장에서 점심으로 냉면을 주었는데 북한 근로자들이 먹다 남은 면을 도시락에 싸가지고 갔다. 수박도 도시락에 넣어가지고 갔다. 가족들이 눈에 밟혀 가지고 갈 수밖에 없다.

북한 근로자들은 도시락을 싸온다. 북한에서는 도시락을 '밥곽'이라고 한다. 초기에는 도시락의 내용이 똑같았다. 개성 시 밥 공장에서 가져온 것이라고 한다. 그러다 서로 다른 반찬을 가져왔는데 60년대 우리의 반찬과 비슷하다. 공장에서는 국을 끓여준다. 무료급식이 안 되는 이유는 하루일당이 3달러인데 구내식당 밥값은 5달러이기 때문이다. 한때 통일부에서 쌀을 무상지원 하겠다고 약속했으나 실행되지는 못했다. 라면이나 국수가 나오는 날에는 도시락을 싸오지 않는 사람이 있는데 도시락을 다른 식구가 먹을 수 있기 때문이다. 제발 먹는 문제라도 하루속히 해결되었으면 좋겠다.

북한 근로자들은 도시락을 싸오고, 공장에서는 국을 끓여 준다. 처음에는 모든 공장이 하지 않았다. 냄비공장에서 시작 되었다. 이어서 의류공장에서 하고 그리하여 전체적으로 확산되었다. 원래는 추운 날씨에 식은 도시락을 먹는 것을 보고 안타깝게 생각하여 겨울동안만 하기로 했다가 계속된 것이다. 기업에서는 이것이 계속되면 경제적으로 부담이 되는 것이 사실이다. 그러나 개인적인 생각으로는 계속되는 것이 바람직하다. 북한 근로자들이 따뜻하게 그리고 맛있게 먹는 모습을 보면 나마저 기분이 좋아진다.

개성공단에서 십일 년

김장김치에도 버무릴 양념이 없어서 허연 짠지이다. 소금에 절인 김치라고 해도 과언이 아니다. 모든 음식에 양념이 부족하니 조미료로 맛을 낸다. 무슨 요리든 같은 맛이 난다. 조미료를 너무 많이 넣어 역겨울 정도다.

가끔 의류공장에 식사 초대를 받는다. 남한 직원 식당에서 밥을 먹는데 초대한 법인장이 "초대를 했는데 보시다시피 반찬이 부실해 죄송합니다. 북한 조리원이 두 명씩 4개 조로 돌아가며 준비하는데 오늘은 쓰리조라 그렇습니다"라고 했다. 내가 "3조입니까?" 물으니 "아닙니다. 그 앞에 한 자가 더 붙습니다. 싹쓸이 조입니다" 라고 해서 무슨 뜻이냐고 물으니 다른 조에 비해 가져가는 식자재가 너무 많아 늘 이렇게 반찬이 부실하다는 것이다. 어이가 없어 함께 웃었다. 그 후 한 번 더 초대를 받는데 북한 조리원은 이미 퇴근하여서 남한 직원이 밥을 푸려고 밥통을 열어보더니 난리였다. 밥이 거의 없단다. 퍼가지고 간 것 같다고 야단이었다. 그러려니 하고 살려고 하지만 해도 해도 너무 한다고 흥분했다. 처음에는 얼마나 어려우면 그러겠냐고 좋은 마음을 가져 보지만 이런 일들이 계속되다 보면 분노가 일어난다고 이구동성이다. 듣고 있는 나도 마음이 불편해진다. "이 땅의 황무함을 보소서!"

북한 근로자들은 평소에 잘 먹지 못해 영양이 부실하다 보니 비타민에 관심이 많다. 참사들이 병원에서 많이 찾는 것도 비타민제이다. 비타민을 만병통치약 정도로 알고 있는지, 먹고 싶은 욕구가 강하다.

남한 근로자들이 마트에서 사 마시는 비타500 음료수를 비타민제 약으로 안다. 그래서 남한에서는 비타민을 매일 이렇게 많이 복용하느냐고 물었다. 대답하지 않고 웃기만 했다.

초코파이는 한 때 북한 근로자들에게는 좋은 간식이었고 돈벌이의 수단이었다. 처음에는 주는 대로 대부분 먹었다. 그렇게 맛있는 과자는 먹어 본적이 없었기 때문이다. 그러나 가족 생각이 나서 초코파이 계를 하기 시작하였다. 처음에는 가족과 나누어 먹었다. 그런데 장마다에서 인기가 있자 적극적으로 사서 모았다. 거의 한달 월급에 가까운 돈을 버는 사람도 생겨났다. 그래서 북한 당국에서 초코파이 지급을 전면 중단할 것을 요청한 것이다. 물론 초코파이 봉지가 개성 전역에 날리는 것도 또 하나의 이유기도 했다.

사람이 참으로 간사하다. 없는 와중에도 O사와 L사의 초코파이 맛을 구분한다. L사의 것이 가격이 싸서 바꾸어 주었더니 "이것은 맛이 다릅니다. O사의 초코파이가 아니잖습니까?"하더란다. 어느새 입맛이 고급이 되어 버렸다. 한번은 현대아산 직원이 새 차를 몰고 와서 어찌된 일이냐고 물으니 새로 구입한 것이 아니고 북한 참사가 안 탄다고 놓고 가서 타고 다닌단다. 차를 놓고 간 이유는 동료 참사가 차를 새로 받는데 앞쪽 의자가 스위치를 누르면 자동으로 움직이는데 자기 차는 그렇지 않아 바꿔달라고 놓고 갔단다. 진짜로 웃긴다. 언제부터 차를 타고 다녔다고 그러냐? 우리도 쉽게 구입하지 못하는 고급차인데 공짜로 주니까 별거 아니라고 생각하는가?

우리에게 흔한 껌도 저들에게는 귀한 것이다. 나도 들어갈 때마다 껌을 몇 통 가져다가 주는데 그렇게 좋아할 수가 없다. 어느 공장에서 씹던 껌을 공장 벽에 붙여 놨다가 다음날 와서 찾다가 없는 것을 보고 "동무, 껌 붙여놓은 거 못 봤어?" 하더란다. 이 소리를 듣고 옛날 생각이 떠올라 쓴 웃음이 나왔다. 나도 방벽에 껌을 붙여 놓고 씹은 적이 있기 때문이다. 과거로 여행하는 기분이다.

나이가 든 남한 근로자들이 옛날 고생하던 시절을 얘기 하는 것을 듣고는 북한 아가씨들이 빙그레 웃었다. 왜냐하면 우리의 옛날이 저들의 오늘과 같기 때문이다. 한 쪽은 계속 성장을 해왔는데 왜 다른 한 쪽은 끊임없이 추락하고 있는 것일까? 답답할 뿐이다.

가끔 공장에서 달걀을 나눠준단다. 우리에게는 흔하디 흔한 것이다. 그러나 저들에게는 그렇지 않다. 어느 날 달걀을 받다가 그만 놓쳐 바닥에 떨어뜨렸다. 깨진 달걀을 주어 담던 근로자가 눈시울을 붉히며 눈물을 글썽이더란다. 이를 지켜보던 남한 근로자도 자기도 모르게 눈물이 흐르더라고 했다. 가슴 아픈 이야기다.

어느 공장에서 재봉틀이 50대나 작동이 되지 않아 살펴보니 전기 코드가 잘려 있었다. 저들이 사용하고 있는 것은 중국산이라 자주 말썽이 일어나는데, 남한의 물건은 좋다는 것을 알고 그렇게 한 것이다. 심지어 기계가 작동되지 않아 살펴보니 베어링을 빼갔더란다. 남한 근로자가 환장하겠노라고, 밥맛이 떨어진다고 구내식당에서 화를 냈다.

도자기 공장에서 하도 많이 훔쳐가니까 사장이 "불량품은 가져가도 좋은데 정품은 제발 가져가지 말라"고 했단다. 그런 다음날부터 불량이 더 늘어났다고 한다. 이래도 문제, 저래도 문제이니 어찌하오리까?

퇴근하는 북한 근로자의 자전거를 보면 많은 물건들이 실려 있다. 각종 박스, 각목 등 종류도 다양하다. 당장 필요하지 않더라도 일단 가져가는 것이다.

땔감도 턱없이 부족하다. 산들이 모두 민둥산인 이유가 나무를 모두 땔감으로 사용했기 때문이다. 북한 주민들은 집에서 직접 연탄을 만든다. 크기는 우리 연탄 반 정도다. 그래서 우리가 제공하는 연탄을 사용하지 못해, 깨서 다시 연탄을 찍어 사용한단다. 아궁이를 고치지 않으면 주어도 못 때는 것이다. 무연탄과 진흙을 섞어 틀에 넣고 옛날에 우리가 흙벽돌 찍듯이 찍는 것이다. 개성 참관을 할 때 보니 무연탄 공급도 제대로 되지 않는지 무연탄을 야적했던 곳에서 바닥에 남은 찌꺼기를 긁어 담는 사람들을 보았다. 북한 의사가 무단결석하여 무슨 일이 있었느냐고 물으니 "연탄 찍느라 못 나왔습니다"라고 겸연쩍게 대답했다. 보통 하루에 연탄을 몇 장 때느냐고 물으니 연탄이 절대 부족하여 하루가 아니라 한 달에 몇 장 못 때는 집이 수두룩하다고 했다. 정말 한심하다. 슬프다.

땔감이 없어 난방이 제대로 안 되다 보니 추위를 견디기 위해 내의를 껴입을 수 있는 만큼 입는다. 그러다 보니 난방이 잘 된 개성공단에서 일하다 보면 한겨울인데도 덥다고 에어컨을 틀어달라고 한다. 그러다 감기에 걸려 치료를 받는 근로자들이 많다. 해도 해도 너무한다. 한심한 상황이다.

아침 산책을 하다 보니 헐다 남은 지붕에서 세 사람이 이불을 둘둘 감고 자고 있었다. 집은 뜯고 있지만 아직 갈 곳이 없어 그렇게 지내는 것 같다. 아무 대책도 없이 집부터 부수고 있는 모습에 화가 난다.

오전 11시 40분에 한전 개성지사가 개업식을 거행하였다. 초대받아 양복으로 갈아입고 참석하였다. 한전건물 3층에 마련된 식장에서 의식이 진행되었다. 남한에서 한전사장을 비롯한 200명의 손님이 왔다. '전기가 통하면 모든 것이 통한다'는 말이 있듯이 남북의 모든 것이 통하는 계기가 되었으면 좋겠다.

축하 후에 버스를 타고 개성 시에 있는 자남산 여관으로 이동하였다. 8.15 개성시범관광을 준비하는 듯 창틀에 칠을 하고 여기저기를 고치느라고 난리였다. 군인들이 도로주변에 코스모스를 심고 있었다. 남이나 북이나 손님을 맞는데 정성을 다하는 것은 똑같은 것 같다. 밤새 내린 비에 이곳저곳에 산사태가 나고 도랑이 메워지고 논둑이 무너져 버렸다. 복구하기 위해 삽질하는 사람들이 많이 보였다. 저렇게 삽질해서 언제 다 복구할까 싶어 걱정되었다. 중장비가 없으니 어찌 해볼 수가 없는 것이다. 한심한 노릇이다. 더워서 그런지 냇가에서 목욕하는 아이들의 모습이 보였다. 천진난만한 모습은 남한의 아이들과 다를 바가 없다.

자남산 여관에서 점심을 먹었다. 전과 음식이 다를 바는 없었으나 특이한 것은 풋옥수수를 내 놓은 것이었다. 먹어보니 그런대로 구수하니 맛이 있었다. 그리고 단고기 찜과 국이 나왔다. 먹어보니 별로였다. 냄새도 많이 나서 남한 사람들은 대부분 먹지 않았다. 개 복숭아처럼 생긴 복숭아를 먹어보니 맛은 없어도 먹을 만했다. 개성에서 유명하다는 약과가 나왔는데 너무 달아서 못 먹었다. 마지막에는 인삼정과를 내놓았는데 썩 좋지 않았다.

식사 후 여관입구에 있는 선죽교와 정몽주의 충의를 기리는 표충비를 보았다. 도랑위에 있는 다리라 규모가 너무 작은 것에 모두 다 실망했다. 그러나 역사적 현장이라는 사실에 의미를 두어야 할 것이다. 그럼에도 말로만 듣던 선죽교를 보았다는 사실만으로도 감개가 무량하다.

식사 중 나온 옥수수를 3개 남겨 병원직원을 위해서 가져오려고 복무원에게 비닐 봉투를 요구했는데 아무리 기다려도 가져오지 않았다. 그래서 여관 지배인에게 부탁했더니, 여관 입구에 있는 상점에서 가져온 것은 비닐 봉투가 아니라 누런 포장지 한 장이었다. 옥수수를 누런 포장지에 둘둘 말아서 가지고 왔다. 오는 도중 개성시내에서 '비닐 수선'이란 간판을 보았다. 왜 여관에 비닐 봉투가 없었는지 알 것 같다. 옆자리에 앉은 사람에 의하면 북한에서는 비닐 생산도 안 되어 베트남에서 수입을 해다 사용한단다. 그런데 베트남 비닐은 너무 얇아 자주 찢어지기 때문에 수선을 해서 재활용 한단다. 나도 어릴 적 찢어진 비닐을 촛불에 붙여 쓰던 기억이 떠올라 씁쓸한 웃음을 지었다 (2005.7.28. 일기).

북한 근로자들은 우리가 버리려고 내놓은 비닐 봉투와 페트병도 다가져 간다. 집에서 물과 곡식류를 담는 용기로 요긴하게 사용할 수 있기 때문이다. 안타깝기 그지없다.

오늘도 개성참관에 동행했다. 나무에 잎이 나고 개나리꽃도 피었다. 그래서 개성이 덜 삭막했다. 지금 남한에서는 봄이 한참 막바지에 이르고 초여름에 접어들고 있는데 여기는 아직 겨울이다. 기온이 겨울이 아니라 사람들의 옷차림이 겨울이다. 연료도 없고 식량도 부족하니 마음조차 여유가 없어 추위를 더 타는 모양이다. 가끔씩 누더기를 입은 사람들이 차창을 스쳐갔다. 고려박물관에서도 일하는 아저씨의 옷차림이 차마 눈뜨고는 못 볼 지경이었다. 해도 해도 너무하다. 내가 손을 흔드니 아이들이 천진난만하게 웃으며 손을 흔들었다. 그런 모습이 귀엽다. 아니 서글퍼진다. 한쪽에는 너무 넘쳐나고 한쪽은 너무 모자라 바닥에 이르고 너무 불공평하다. 저들이 우리를 보면서 무슨 생각을 할까? 핀란드에서 온 여행객들이 보였다. 저들은 남한보다는 북한을 더 보고 싶어 한다. 그 이유는 폐쇄된 사회에 대한 궁금증도 있지만 꾸며지지 않은 그대로의 모습을 보려는 것이다. "주여, 이 땅에 복을 주옵소서! 풍요를 누리게 하옵소서!"(2006.4.30. 일기 중에서).

장례를 치룰 때 시체를 모실 관도 없어 마을사람들이 하나를 가지고 공동으로 사용한다. 수의는 생각도 못하고 천으로 시신을 싸매는 것으로 예의를 표한다. 공단에서는 시신을 모실 흰 천을 찾는 북한 근로지들을 가끔 볼 수 있디. 장례는 하루 만에 치리지는 것이 보통이린다. 친지에게 통신문제로 연락도 잘 안 되고, 안다 해도 교통편이 없다. 더욱이 통행증을 받으려면 시간이 걸린다. 그러니 당일치기를 하는 것이다. 북한 의사가 친척 장례식에 갔다 오는데 일주일이 걸렸다. 기차로 이동하는데 운행이 제대로 되지 않아 그렇게 오래 걸렸다고 한다.

개성시에도 대중교통이 전혀 없다. 시내버스가 없으니 시외버스도 있을 리가 없다. 기차도 정기 운행시간이 있는 것이 아니다. 언제 갈

개성공단에서 십일 년

지 알 수 없단다. 빨리 이동하려면 차가 있는 간부의 차량에 편승하는 것이 최선이란다. 그것도 어디 쉬운 일인가. 힘없는 인민에게는 불가능한 일이다. 그래서 가까이 있는 박연폭포도 가 본적이 없다는 사람이 대부분이다. 평양 구경은 생각도 못한다.

함께 걷는 사람들로 부터 새로운 정보를 얻었다. 북한 마을이 있는 울타리 쪽을 걷노라면 10대 후반의 아이들이 서서 "골동, 골동 있어요"라고 한단다. 골동품 사라는 이야기다. 그런가 하면 어른들은 "산삼이나 인삼사요"라고 권한단다. 산삼은 대부분 가짜다. 인삼은 개성에서 재배된 그야말로 개성인삼이다. 불법 유출한 것이 틀림없다. 걸리면 큰 일이 날것이다. 발각 시에는 처벌을 받을 것을 각오하고 장사하는 것이다.

북한 여성근로자가 남한 근로자에게 은밀하게 골동품을 실제로 거래한 적이 있다고 한다. 사건이 드러나게 된 것은 개성에 있는 장마당에서 고액 달러지폐를 사용하다가 적발되어 조사받는 과정에서 골동품 거래대금으로 받은 것으로 밝혀진 것이다. 밀거래된 골동품은 진품이 아니라 전부 위조품이었다고 한다. 그 여성 근로자는 결국 처벌당하고 말았단다. 이렇듯 먹고 살기 어려우니 위험을 무릅쓰고 장사를 하는 것이다. 목구멍이 포도청이라는 말도 있지 않던가.

북한 사람들은 심지어 자유조차 없다. 저들은 평생 군대생활 하는 것과 같다. 언제든지 노력 동원에 참여해야한다. 개성공단 근로자들도 예외는 아니다. 퇴근 후에도, 휴일에도 부르면 다른 인민들처럼 나가야 한다. 겉으로는 할 수 없지만 불평이 왜 없겠는가? 그래서 불평을 잠재우는 단어가 생겼는데 그것이 '전투'라는 것이다. '모내기 전투', '환경미화 전투' 모든 것이 전투다. 전투의 의미는 물론 목숨 걸고 하라는 뜻도 있지만 또 하나 숨겨진 뜻은 '적군이 눈앞에 있는데 피곤하다고 쉴 수 있는가? 잠잘 수 있는가? 깨어서 지켜야지'라는 것이다. 어떠한 불평도 잠재우기 위한 단어 선택인 것이다. 그래서 북한 근로자들은 연장 근무를 원하고 휴일에도 특근을 원한다. 노력동원에서 열외 되려는 작은 소망인 것이다. 먹을 것이 없는 나라는 많다. 그러나 동시에 자유마저 없는 나라는 이곳 밖에 없다.

알
량
한　자
존
심

아무것도 없는데 북한 사람들이 한 가지 가지고 있는 것이 있다. 그것은 자존심이다. 저들이 신봉하는 주체사상이 과연 무엇인가? 그것은 한마디로 알량한 자존심을 지키는 것이다. 현재의 어려운 현실은 자기식대로 살아온 결과라고 저들은 강변한다. 우리처럼 미제 놈들에게 아양 떨며 빌어먹지 않고, 자존심을 지키느라 이렇게 힘들게 산다

TIP : '주체사상'은 혁명과 건설에 관한 이론적 방법론적 전일체계로 정의되고 있다. 주체사상은 1972년 12월에 채택된 사회주의 헌법에서 공식 통치이념으로 규정되었다. 김정일에 의하면 주체사상은 철학적 원리, 사회역사원리, 지도원칙 등으로 구성된다. 철학적 원리는 일명 '사람중심의 철학'으로 '사람이 모든 것의 주인이며 모든 것을 결정한다'는 것이고 사회역사원리는 '혁명과 건설의 주인은 인민대중이며 혁명과 건설을 추동하는 힘도 인민대중에게 있다'는 논리이다. 지도원칙은 혁명과 건설에서 자주적 입장과 창조적 입장을 견지하는 것을 의미한다. 그러나 주체사상은 '혁명적 수령관'이나 '사회정치적 생명체론' 등을, 동시에 수령의 절대화 또는 인민대중의 비주체화, 비자주화 하는 논리적 도구라는 비판을 받고 있다.

[출처 : Daum 백과사전]

고 주장한다. 그럴 듯해 보이지만, 그것은 열등감을 극복하려는 자기 합리화의 비겁한 변명에 지나지 않는다.

북한 근로자에게 먹을 것을 주며 같이 먹자고 하면 "일 없습니다"라고 한다. 다시 한 번 권하면 "금방 먹고 왔습니다" 라고 한다. 또 권하면 "우리는 집에서 이 보다 더 좋은 것 먹습니다"고 대답한다. 정말일까? 처음에는 그런가 하였다. 나중에 이것이 인사치레요, '자존심 지키기'라는 사실을 알고는 음식을 놓고 자리를 슬쩍 피한다. 돌아와 보면 모두가 사라지고 없다. 조금 밉지만 자존심을 세워주는 것은 그 어느 것 보다 중요하다고 생각한다.

북한 의사가 어제 저녁에는 오리백숙을 먹고, 그제는 생선회를 먹었다고 자랑하기에 "너무 잘 먹네. 한번 초대해"라고 했더니 "얼마든지 오십시오. 저희 냉동고(냉장고)에는 미처 못 머은 고기가 썩고 있습니다"라고 했다. 이 이야기를 남한 근로자에게 했더니 "다른 것은 몰라도 그 썩고 있다는 소리는 맞는 것 같습니다. 전기가 들어오지 않으니 썩을 수밖에요"라고 했다. 겉으로는 웃었지만 속내는 자존심을 지키려는 북한 의사의 몸부림에 씁쓸했다.

병원 한구석에 쌓여있는 어린이 내의를 보고는 북한 간호사가 "이게 뭡니까?" 라고 물었다. 북한 어린이에게 전달하기 위해 남한에서 가져온 내의라고 하니 "남한에도 서민들이 많이 있지 않습니까? 그 사람들 주지 않고 뭐 하러 가져 왔습니까?"라고 했다. 할 말은 없지만 과연 솔직한 심정일까?

북한 참사들이 병원에 와서 많이 요구하는 것은 포도당이다. 처음에는 몇 개를 요구한다. 그러다 차츰 양이 많아진다. 예를 들어 10개를 달라고 했는데 다섯 개를 주면 주는 순간부터 준 사람이 오히려 빚쟁이가 된다. 이미 준 것에 대해 감사는 커녕 안 준 것에 대한 빚쟁이로 전락하는 것이다. 참사가 와서 "꼭 와서 달라고 해야 줍니까? 알아서 챙겨 주시라요. 통 크게 놉시다"라고 했다. 어떻게 해야 통 크게 노는 것일까?

어느 공장에서 북한 근로자들이 겨울 추위에 장갑 없이 다니는 사람이 많은 것을 보고 장갑을 나눠주려고 했다. 그런데 절차가 복잡해 겨울이 다 지나가는데도 소식이 없어서 재촉을 하니 "아니 우리 장갑보다 좋지도 않은 것을 가져와서는 왜 이렇게 보챕니까?"라고 했단다. 그 소리를 듣고 법인장이 너무 화가 나서 전부 마당에 내놓고 불사를까 했다고 한다. 알량한 자존심 때문에 고통당하는 사람이 너무 많아 화가 난다.

북한 사람들은 감사할 줄 모른다고 말한다. 그러나 감사하는 마음이 없어서 그런 것은 아니다. 속마음은 있어도 그것을 표현하지 않는 것이다. 그것도 일종의 주체사상이 가져온 산물이라고 할 수 있다. 북한 사람들이 감사하지 않는 이유는 감사하다고 말하면 그 순간 주는 사람으로부터 은혜를 입는 수혜자가 된다고 생각하기 때문이다. 없어서 주는 걸 받았으니 주는 사람한테 아무래도 떳떳하지 못하고 저자세가 될 수밖에 없으니 감사하다는 말을 하지 않는 것이다. 또 그래야 나는 없어서가 아니라 마땅히 받아야 할 것을 받았다는 자존심을 지킬 수 있는 것이다. 그 놈의 자존심이 무엇이길래!

당분간 개성참관은 벼 베기 전투로 없을 것 같다고 했다. 올해는 어느 해보다 수확량이 많을 것이라고 하는데, 그 이유는 남한에서 비료를 지원해 주었기 때문이란다. 이제는 가까운 사이가 되면 노골적으로 고맙다고 인사를 한다. 덕분에 농사가 잘되었다고 공개적으로 말을 하기도 한다. 이것이 큰 변화라면 변화이다. 북한 사람들은 앞에서 말했듯이 일반적으로 저들 지도자 외에는 누구에게든 감사하다는 말을 잘 하지 않는다. 단지 "잘 쓰겠다"가 감사의 최대 표현이다. 사실 남한 사람들도 감사하다는 말에 인색한 편이다. 스펄전 목사는 하나님은 작은 일에 감사하면 더 크게 감사할 것을 준다고 했다. 북한 사람들에게 감사할 줄 모른다고 책망할 것이 아니라, 내 자신부터 아주 사소한 것에도 감사하는 법을 배워야겠다. 아니 범사에 감사하는 성숙한 신앙인이 되기를 기도한다. 이미 주어진 것에 감사하는 사람은 행복하

개성공단에서 십일 년

고, 아직 없는 것에 불평하는 사람은 불행하다는 말이 있다. 불행이 아니라 행복을 선택할 수 있게 해달라고 기도한다(2005.10.16. 일기 중에서).

북한 근로자에게 직접 임금을 주지 못한다. 이는 물론 임금을 전액 평양으로 가지고 가려는 의도 때문이다. 그러나 여기에 근본적으로 깔린 복선이 숨어 있다. 북한 근로자에게 야단을 치거나 일을 재촉하면 이렇게 말한다. "우리 위대하신 장군님께서는 남한의 서민보다 조금 나은 중소기업을 어여삐 여기사 중요한 군사기지를 뒤로 미루시고 개성공단을 허락해 주셨습니다. 그리고 인력이 부족하다고 하여 우리보고 도우라고 해서 '애국사업'을 하러 왔는데, 왜 말이 많습니까?" 즉 자기들이 못 살아서 돈벌이 하러 온 것이 아니라, 동포를 도와주러 왔다는 것이다. 이게 저들의 자존심이다. 아니 주체사상이다. 그리고 임금을 북한 근로자에게 직접주지 못하게 하는 이유이기도 하다. "밥벌이를 위해 일한 것이 아니라, 남한 기업을 돕는 애국사업을 한 것뿐이다. 그럼에도 당에서 임금을 주니 얼마나 고마운 일인가?"라고 하는 것이다.

공장마다 아침, 점심 사상교육을 하느라고 업무에 지장을 주어서 불만이 많단다. 책상을 옮기는 등 작은 업무지시에도 직장 대표를 통해서 말하라고 한다. 그런가 하면 한 곳에서 시범을 보이면 상관없는 사람들도 몰려 와 구경한다. 자기 할 일을 하라고 하면 "우리도 배워야

합니다"라고 한다. 북한 근로자들은 돈 받고 일한다는 개념보다는 앞에서 언급했듯이 애국사업 즉 도와준다는 의미로 일하기 때문에 일에 접근하는 사고방식이 전혀 다르다. 이것이 가장 큰 문제다. 그러므로 입주업체에서는 직불을 하기 원하는 것이다. 돈 주는 자의 힘을 얻기 위해서다. 이 세상에 쉬운 것이 하나 없는 것 같다.

북한 사람들의 머리에서 서캐가 떨어지고 몸에서 이가 떨어진다. 기어가는 이를 보고 이가 어디서 났느냐 하니 "남한에서 가져온 자재에서 떨어진 것 같습니다"라고 한다. 어이가 없다. 곧 죽어도 자존심은 지키겠다는 것이다.

공단을 산책하다 보니 울타리 옆 마을을 철거하고 있었다. 왜냐하면 보이고 싶지 않은 부분도 있고 보여주지 말아야 할 것도 있기 때문이다. 결국 자존심의 문제다. 국가적으로나 개인적으로나 최후에 남는 것은 자존심이다. 모든 갈등과 분쟁의 저변에는 자존심이 걸려 있다. 알량한 자존심을 버리고 겸허한 마음으로 나아가야 하리라. 나 자신도 시도 때도 없이 불끈 솟아오르는 자존심을 짓누르느라 애쓸 때가 있다. "쓸데없는 자존심을 죽여주시옵소서!"

북한 의사 한 선생은 보통내기가 아니다. 할 말은 하는 친구다. 남한 근로자가 북한 근로자의 약을 타러오니 "당신이 의사의 지시 없이 치료하다가 문제가 생기면 책임질 것입니까?"라고 따진다. 내가 북한 병원에 데려가지 그랬냐고 물으니 가봐야 별 치료를 해주지 않아 그랬다고 한다. 이것이 현실이다. 없으면 우리에게 달라고 하면 되는데 자존심 때문에 안 하는 것이다. 내가 한 선생에게 종이 반창고를 북한 병원에 가져가라고 하니 "있습니다"라고 했다. 있기는 뭐가 있나? 유구무언이다. 알량한 자존심이 사람을 죽인다는 사실을 모르고 있는 것 아닌가?

남한에서 온 산부인과 의사일행은 북한 진료소에 가서 1시간 동안 진료과정을 지켜보았다. 돌아와서는 혀를 내둘렀다. 수준이 한참 밑바닥 이라는 것이다. 심지어 달맞이꽃을 처방해 주더라고 했다. 그럼에도 남한 의사의 조언은 받아들이지 않더란다.

장비도, 약품도 없고 임상경험도 없으면서도 북한 의사가 자랑스럽게 "북한 의료수준이 상당히 높아서 전 세계에서 배우러 옵니다. 그런데 우리를 가르치려 듭니까? 오히려 우리가 가르쳐야합니다"라고 했다. 정말 그랬으면 원이 없겠다. 그런 날이 속히 오기를 기도한다.

공단 내에 기술교육센터를 건축하였다. 북한 근로자들에게 기초적인 교육을 시켜서 각 공장에 배치하려는 목적이다. 그러나 저들은 우리에게 배우지 않는다고 해서 무산되고 말았다. 자기들이 가르치겠다는 것이다. 그리고 강사들의 급여를 터무니없이 높게 요구하였다. 결국 기술교육센터는 쓸데없는 공간이 되고 말았다. 이것이 우리식대로 살겠다고 하는 주체사상의 현주소다.

북한 참사에게 남한에서 가져온 귤을 먹으라고 내놓으니, "이건 우리도 자주 먹는 것입니다"라고 했다. 그래서 북한에도 귤이 생산되느냐 물으니 "아닙니다. 제주도에서 갖다 먹습니다"라고 대답했다. 헛웃음만 나온다.

북한 간호사가 퇴근하며 "참외를 좀 쓰겠습니다"라고 했다. 먹고 싶다는 말로 들었더니 가져가겠단다. 왜냐고 물으니 자존심은 있어 주변 동무들과 함께 먹으려고 그런단다. 지난번에도 이웃 아주머니 드리려고 한다고 하면서 가져갔던 것이 생각나 웃음이 났다. 사실 어제는 남한 의사가 가져온 껌도 한 박스 가져갔고, 과자도 있는 대로 다 챙겨갔다. 해도 너무한다는 생각이 들 정도이다. 하기야 얼마나 가져가 먹고 싶겠는가? 또 자랑도 하고 싶을 것이다. 그런데 웃기는 일은 수박도 가져가라고 했더니 수박은 맛없어서 안 가져간단다. 사람이 참 간사하다. 언제부터 수박을 먹어 보았다고...

북한 의사들은 면도기, 심지어 칫솔까지 사 달라고 한다. 그러면서도 장군님이 모든 것을 주셔서 부족함이 없고 넘쳐난다고 떠든다. 두

개성공단에서 십일 년

번만 주셔서 넘쳐나면 큰일 나겠다.

남한에서 특진 의사의 입경이 늦어져 환자들이 기다리고 있었다. 이 때 박 선생이 커다란 목소리로 "특진 의사가 늦어지니 바쁘신 분은 북한 의사에게라도 진료를 받으시겠습니까?"하니, 북한 의사가 자극을 받고 북한 병원으로 철수해버렸다. 박 선생이 당황하여 찾아가 해명하려 하였으나, 이미 때가 늦었다. "북한 의사의 권위를 떨어뜨렸어. 북한 의료수준이 최고 수준인 것도 모르고 무엇 하는 거야. 이것은 우리 체제를 무시하는 것이고 협력정신을 망각한 행위야"라고 마구 쏘아댔다. 내가 참으라고 권면하니 "우리가 가진 것이 자존심밖에 더 있습니까? 왜 그것을 건드립니까?"라고 했다. "죄송하게 되었습니다!"

은행에서 추석을 맞아 북한 근로자에게 초코파이 한 상자씩을 전달하기로 했다. 그러나 북한당국이 거절하였다. 우리도 먹을 것이 있는데, 무슨 과자를 공개적으로 주느냐는 것이 거절한 이유다. 그래서 남한 입주업체 근로자들에게만 주기로 했다. 결국 알량한 자존심 때문에 생긴 문제다. 자존심이 불쌍한 인민들을 굶기고 있다.

현대아산에서 추석에 송편을 많이 준비해서 북한 근로자들에게 주었더니 우리도 있다며 거절했다. 그 이유는 물론 자존심의 문제가 첫째다. 그런데 다른 이유도 있다. 송편 전달과정에서 그래도 생각한다고 김정일 위원장의 병세를 걱정하며 안부를 물었더니 화를 내며 거절한 것이다. 하기야 평소 우리가 "김정일 위원장님, 장군님" 해도 놀린다고 싫어하는데 병세를 물으니 오죽했겠는가? 여기서는 지도자에 대해서는 언급을 안 하는 것이 상책이다.

병원화장실 공사가 3일 만에 끝났다. 북한 근로자에게 수고 했다고 양말과 세수 비누를 주었더니 집에 충분하게 있다고 하면서 사양했다. 그래도 권했더니 받아두었다. 나중에 보니 화장실에 그대로 두고 갔다. 얼마나 가지고 싶었을까! 그러나 절대로 남한 물건은 받지 말라는 지침을 지키느라 못 가지고 간 것이다.

처음에는 몇 대 안 되는 우리 차를 보고는 남한의 차를 다 몰고 왔느냐고 했다. 그러나 지금은 남한 근로자들이 각자 한 대씩 몰고 오는 것을 보고는 남한에 차가 많다는 사실을 알고 인정한다. 남한에는 차가 너무 많아 배기가스로 공기 오염이 심각하다고 하니 북한 근로자가 기다렸다는 듯이 말했다. "그래서 우리도 집에 차가 있지만 공기오염 될까봐 가져오지 않습니다." 그래요? 가만있으면 밉지나 않지...

개성공단에 나온다고 노력동원에서 제외되지 않는다. 퇴근 후에도 햇불 들고 나가 모내기 전투, 김매기 전투, 환경미화 전투 등에 동원된다. 다음날 나오면 자연히 졸 수밖에 없다. 아침부터 간호사 동무들이 졸기에 "동무들, 어제 밤에 뭐했어?"라고 물으니 "텔레비전에서 재미있는 영화를 해서, 새벽에 잤습니다"라고 대답했다. 정말로? 진짜로? 전기도 안 들어오는데 그랬어? 분명한 거짓말이다. 제대로 먹지도 못하는데 너무 힘든 것 같아 안쓰럽다. 무엇보다 자존심을 지키기 위해 아니 '주체교'를 옹호하기 위해 거짓말을 해야 하는 저들의 현실이 슬프다.

은행지점장이 외신기자들과의 대화에서 북한의 상황이 어렵다고 발언을 해서 북한 당국으로부터 지적을 받았단다. 지점장이 "부원장님, 여기가 괜찮습니까?"라고 물었다. 내가 "장군님의 은혜로 행복합니다"라고 말하니 "그렇죠?"하며 크게 웃었다. 나도 같이 웃었다. 하도 웃어서 눈물이 날 지경이다. 내가 웃는 게 웃는 게 아니다. 진실이 감춘다고 드러나지 않는가? 그러면서도 주체사상인가?

병원 개원 일주년 기념방방문단의 일원으로 외신기자들이 오는데, 의류공장의 북한 근로자들을 취재 했으면 하였다. 그래서 의류공장에 부탁을 했더니 일언지하에 거절했다. 그러면서 충격적인 이야기를 전했다. 지난번 외신기자들 방문 시 인터뷰 할까봐 바깥쪽 두 줄에 있는 북한 근로자 전부에게 마스크를 쓰게 했단다. 그렇게 자신이 없는데 무슨 주체사상이고 자존심인가? 그렇게 겁나면서 어떻게 함께 일하고 있는가?

　　태
　　양
　　없
　　는
　　꽃

북한 사람들은 그야말로 아무것도 없다. 심지어 자유조차 없다. 그러나 남한 근로자보다 더 밝다. 아니 더 행복해 보인다. 속내는 모른다. 겉으로는 그렇다. 다른 지역은 모르지만 개성공단은 그렇다.

수요기도회를 마치고 다과회를 하는데 북한 사람들이 우리보다 행복지수가 높다는 이야기가 나왔다. 모두가 이구동성으로 그렇다고 수긍했다. 왜 그럴까? 한 분이 "그야 우리는 좋은 환경에 있다가 수용소 같고 군대 같은 곳에 왔으니 인상 쓰고 다니는 것이고 저들은 6.25 직후와 같은 처지에서 미군부대와 같은 곳에 왔으니 그런 것 아니야?" 라고 하니 모두가 동의했다. 그러나 그런 이유만은 아니다. 점수로 치면

10점도 안 되는 대답이다. 저들이 밝게 살아가는 근본적인 이유는 저들에게는 믿음이 있기 때문이다. 하나님에 대한 믿음이 아니라 저들 지도자에 대한 믿음이다. 우리 근로자들은 옆구리를 찌르면 외롭고 무료하고 답답하다고, 그래서 개성혈압이 올라간다고 불평하며 욕이 나온다. 그러나 먹을 것도 없고 자유마저 없어 불쌍해 보이는 저들은 옆구리를 찌르면 신앙고백이 나온다.

유 동무가 묻지도 않았는데 "우리 수령님께서는 친히 텃밭을 가꾸시며, 터득한 지식을 현장에서 지도하시며, 인민들을 잘 살게 하시려고 불철주야 노력하십니다. 수령님 없는 삶을 생각하는 것은 태양 없는 꽃을 바라는 것과 마찬가지입니다"라고 했다. 하나님 없는 삶은 어떤가? 도전이 된다.

강 동무도 입을 열면 신앙고백이다. "우리 장군님께서는 쥐기밥(주먹밥)을 드시고 쪽잠(새우잠)을 자시며 인민들을 위해 고생하십니다. 우리가 지금 어려운 것은 사실입니다. 그러나 고난의 행군의 시절도 견뎌내지 않았습니까? 장군님께서 선도하시고 지켜 주시면 언젠가는 잘먹고 잘 사는 지상낙원이 오리라 믿습니다." 나는 하나님에 대해 이런 믿음이 있는가?

유 동무가 뜬금없이 물었다. "선생님은 종교가 무엇입니까?" 아이쿠! 이제 정체가 들어났나 보다 하며 기도하는 마음으로 대답했다. "남한에는 기독교, 불교, 천도교 등 많은 종교가 있지." "그러면 그 중에 무엇을 믿습니까?" 다시 물었다. 그래서 "기독교를 믿지"라고 하니 "기독교는 어떤 종교입니까?"라고 다시 물어왔다. 기왕 정체가 드러나서 추방당할 바에야 전도나 하자 해서 "기독교는 하나님을 믿는 종교야. 하나님은 세상을 창조하시고 다스리시며 하나 밖에 없는 아들을 이 땅에 보내 주시고 우리 죄를 대신하여 십자가에 죽게 하셨지"라며 설명하니, 간호사 동무가 "아하, 그 하나님 말입니까? 우리 어르신네들도 믿은 적 있지 않습니까? 그런데 하나님을 믿는다고 뭐 달라진 것이 있습니까? 뭐 준 거 있습니까? 어리석은 시절에는 하나님을 믿었는지 모르지만 지금 믿을 이가 한 분 계시지 않습니까? 우리 장군님"라고 했다. 하나님만이 믿을 이 한 분뿐이라고 자신 있게 고백하고 있는가?

북한 의사가 노동신문에서 보았다며 용산 철거민 사건을 들먹였다. "서민들의 집 문제 하나 해결해 주지 못하는 정부가 무슨 소용 있습니까? 우리 장군님은 다 해결해 주십니다. 남한에는 대학 공부하는 데 돈이 많이 든다면서요. 우리는 모두 공짜입니다. 남한에는 '이태백'이 많다면서요. 이십대 태반이 백수라고 하던데요. 우리는 그런 거 없습니다. 장군님께서 모두 직장을 마련해 주십니다. 그리고 결혼해도 집이 비싸서 전세로 사는 사람들이 많아 힘들다면서요. 우리는 장군님께서 다 해결해 주셔서 아무 걱정 없이 살고 있습니다." 내가 "너무 좋다. 우리 아들도 이곳에 보내야 되겠네" 하니 "얼마든지 보내십시오"라고 자신 있게 말했다. 속으로 기가차서 웃으면서도 괜히 무서워진다.

자남산 여관에서 점심을 먹는데 식탁에 볼품없는 사과가 있어 북한 참사에게 물었다. "북한에는 사과가 주로 어디서 납니까?" "예, 해주와 북청사과가 유명합니다." 그리고는 묻지도 않은 말을 했다. "우리 위대하신 장군님께서는 농사를 지어 바친 사과를 한 알도 잡수시지 않고 인민들을 위해 주십니다. 참으로 자비로우신 지도자이십니다." 자연적으로 나오는 신앙고백이요 간증이다.

간호사들도 입만 열면 간증이다. "우리 장군님은 불 끄다 화상 입은 해설자(강사)를 중국 최고 병원에 입원시켜 성형하게 하여 예진 보다 더 예쁜 모습으로 살게 하셨습니다. 무료로 모든 것을 해주시기에 돈 걱정은 안하고 살고 있습니다." 그런데 부럽기는커녕 슬퍼지는 이유는 무엇일까?

오후에 환자가 뜸하면 모여서 노래를 부른다. 기타도 잘 치고 손풍금 연주도 잘한다. 노래하면 합창단이고 춤을 추면 무용단이다. 노래를 부르다 나를 불러 같이 하자고 한다. 나는 남한에서 부르지도 못할 것 안 배운다고 사양 한다. 왜냐하면 저들의 노래는 지도자와 체제를 찬양하는, 기독교로 말하면 찬송가요, 복음성가이기 때문이다. 그런데 하루는 북한 간호사들이 모여 '동지가'라는 노래를 불렀다. 3절에 이런 가사가 나온다. "우리 장군님, 우리 모두를 동지라고 불러주시네. 부모 형제도 못 주는 사랑, 우리 장군님 안겨 주셨네. 사랑이 없이 부르지 말자. 믿음이 없이 부르지 말자. 이 말 속에는 담겨져 있네. 당을 받드는 우리의 한 생." 그런데 강 동무가 "부모 형제도 못 주는 사랑, 우리 장군님 안겨 주셨네"라는 부분에서 갑자기 눈시울이 뜨거워지며 닭똥 같은 눈물을 흘렸다. 내가 깜짝 놀라 "동무, 왜 그래? 무슨 일이야?"라고 물으니, 정색을 하며 "장군님의 은혜를 생각하면 눈물이 절로 납니다"라고 대답했다. 이 고백에 나도 모르게 전율을 느꼈다. 그리고 속으로 나에게 물었다. '너는 하나님의 은혜를 생각하며 눈물 흘린 적 있니?'

12월 24일은 남한에서는 크리스마스이브이지만 북한에서는 김일성의 아내 김정숙 동지의 탄생일이고, 김정일 장군님이 최고사령관으로 취임한 기념일이다. 북한 의료진들이 이 날을 위한 준비를 일주일 전부터 한다. 열심히 노래 연습을 한다. 노래의 가사는 주로 "우리 장군님, 감사합니다", "김정숙 어머니" 같은 것이다. 노래 중간에 김 동무가 "우리 장군님, 감사합니다"를 감정을 실어 낭송했다. 낭송하던 김 동무의 눈시울이 뜨거워지더니 눈물이 글썽거렸다. 장군님의 은혜를 생각하면 눈물이 절로 나온다는 강 동무의 말이 생각나 온 몸에 소름이 돋는다. 무서운 생각이 몰려온다.

북한에 의약품을 전달하고 북한 식당에서 식사를 하는데 평양에서 내려온 북한 참사가 "선생님들 제가 얼마 전에 싱가포르를 방문한 적이 있습니다. 갑자기 몸이 아파 병원에 가서 진찰을 받았는데 진료비를 30달러나 달라고 합디다. 그때 제가 하나 깨달은 것이 있습니다. '아, 지금까지 장군님의 은혜를 은혜인 줄도 모르고 살았구나'라는 깨달음입니다"라고 했다. 과연 나는 요즈음 하나님의 은혜를 예민하게 느끼면서 살고 있는가?

남한 직원이 북한 근로자 중에 마음에 드는 친구에게 은밀하게 목도리를 선물로 주었다. 그런데 그가 목도리를 한 번도 하지 않아 가까운 동료에게 물었더니 당에 바쳤다고 하더란다. 바친 이유는 두 가지이다. 하나는 자신만 선물을 받아 문제가 될까봐 그런 것이다. 다른 하나는 당에게 자신의 충성심을 보이기 위해서다. 주어도 온전히 사용하지 못하는 현실이 답답하다.

'동지가'를 부르며 눈물짓던 강 동무가 수줍어하며 말을 걸었다. "선생님은 칠보 산의 전설을 알고 계십니까?" 칠보 산이 어디 있는지도 모르는데 어떻게 알겠느냐고 하니, 이야기를 시작했다. 옛날에 한 중이 산중에서 만난 여인에게 마음을 빼앗겨 하룻밤 같이하기를 간청하니 "제가 내는 문제를 풀어 주시면 허락하겠습니다"라고 하였다. 중이 몸이 달아 그러겠노라 하니 그 여인이 다음과 같은 문제를 내었다.

1에서 10까지 숫자를 이용해 글을 지으라는 것이었다. 그 중은 아무리 애를 써도 글을 완성하지 못해 끝내 소원을 이룰 수 없었다. 이후에도 많은 사람들이 이 문제를 풀려고 도전했지만 아무도 풀지 못했다. 그러나 장군님은 듣자마자 그 자리에서 문제를 푸셨다고 한다. 어떤 글이냐고 물으니 수줍게 이어갔다.

1 - 일하기 싫은

2 - 이 중놈아

3~4 - 부지깽이도 뛴다는(농사준비로 바쁘다는 표현) 삼사월에

5~6 - 오륙(몸)을 놀리기 싫어

7 - 칠보 산에 왔으면

8 - 팔장을 끼고

9 - 구경이나 할 것이지

여기까지 말하고는 멈추었다. 10은 무엇이냐고 재촉하니 얼굴이 빨개지면서 나를 쳐다보며 "선생님, 아시면서 그러시죠?"라고 했다. 모른다고 하니 조용히 말했다.

10 - 십질은 웬 십질이냐!

참으로 억지스럽고 조잡한 문장이다. 그러나 장군님이 지혜로운

분이라는 것을 알리기 위해 만들어 낸 것이고, 지금 북한 간호사는 순진한 처녀로서의 부끄러움을 이겨내며 그것을 용기 있게 전한 것이다. 나는 과연 담대히 복음을 전하고 있는가?

병원에 특진하러 남한에서 의사와 간호사들이 대거 입경하였다. 북한 간호사들이 환영한다고 북한 노래를 불러 주었다. 듣고 있던 최 선생이 가사가 좋다고 배우고 싶어 했다. 그러자 병원에 상근하는 박 선생이 가사를 복사한 종이를 몇 장 가져왔다. 이것이 문제의 발단이 되었다. 가사 중 '장군님'을 볼펜으로 지우고 '민족'으로 채워 놓았기 때문이다. 이를 본 강 동무가 급히 '민족'을 화이트로 지웠다. 얼굴이 사색이 되어 유 선생이 사온 그 좋아하는 컵라면도 먹지 않았다. 얼마 후 유 동무와 수술실에서 많은 토론을 하고 나왔다. 왜 얼굴이 그러냐고 묻는 유 선생에게 4시 30분에 모든 사람에게 발언 하겠다고 하였다. 드디어 북한 간호사들이 4시 30분에 병원 모든 직원을 집합시켰다. 이런 일은 처음이라 불안한 마음으로 모였다. 아니나 다를까 노래 가사를 지운 사건을 언급하였다. 알고 보니 벌써 박 선생이 문제를 제기한 북한 간호사들에게 백배 사죄하고 용서를 빌었다. 그럼에도 지금 말로만 듣던 생활 총화를 통해 인민재판을 하려는 것이었다. 평소 착하고 부끄러움이 많던 강 동무가 그 순수하던 얼굴에 독기를 품고 큰 소리로 외쳤다. "개인에 대한 어떤 핍박이나 모욕은 참을 수 있지만 장군님의 존함을 훼손하는 일은 도저히 참을 수도 없고, 용서할 수도 없습니다."

그리고 "장군님의 존함을 함부로 지우는 것은 우리의 제도와 체제를 훼손하는 것입니다. 이미 남한에서 다른 것은 몰라도 수령님이나 장군님에 대한 문제는 강경하다는 것을 알고 오지 않았습니까? 뿐만 아니라 박 선생님은 이곳에 온지 오래 되지 않았습니까? 그러므로 그런 행동은 의도적인 것입니다. 그리고 우리를 무시하고 제도를 훼손하는 행위기 때문에 고발할 수밖에 없습니다"라고 강경하게 발언하였다. 옆에서 듣고 있던 유 동무가 거들었다. "이번 일만 아니라 몇 번 그런 일이 있었습니다. 지난 번 제화공장에서 신발을 주었을 때 뭐라고 하셨습니까? 신던 헌 신발을 북한에 주라고 하지 않았습니까? 그것은 우리를 그렇게 보고 있었기 때문입니다. 그냥 넘어갈 문제가 아닙니다." 유 선생이 "그것은 농담일 수도 있지" 하니 "어디에다 농담입니까?"라고 하며 따졌다. 그러면서 "문화가 다르더라도 개인적인 문제는 참을 수 있지만 영도자에 대한 문제는 참을 수 없습니다. 말이 안 나올 정도로 지금 분노하고 있습니다. 우리는 한 두 마디도 재고(생각하고) 말합니다. 그렇게 함부로 말하면 안 됩니다. 박 선생님 방구 뀌는 문제도 그렇습니다. 얼마든지 나가서 뀔 수도 있는데 우리 앞에서 함부로 뀌는 것도 우리에 대한 관점과 태도의 문제입니다. 우리끼리도 함부로 그렇게 하지 않습니다. 그런 행동은 우리 개인은 물론 우리 사회, 우리 장군님, 우리 제도와 다 연결되어 있는 것입니다"라고 하였다.

평소 그렇게 순박하던 강 동무의 얼굴이 떠오르며 지금의 독살 맞은 모습과 분명히 대비되었다. 무엇이 저 아가씨의 얼굴을 저렇게 만

들어 놓은 것인가? 종교와 같은 체제 곧 주체사상 아니 주체교가 그렇게 만들어 놓은 것이다. 슬프고 무섭기도 한 현실이다. 인민재판에 대해 많이 들어 왔지만 인민재판의 현장에 있다 보니 가슴이 섬뜩하였다. 북한 동무들이 이 일을 고발하여 박 선생은 결국 영구히 추방되었다. 소위 신성 모독죄로 고발되어 그런 불행한 사건이 일어난 것이다. 그동안 쌓였던 정이 일시에 사라지는 순간이었다. 이러한 현실이 슬프다.

4월 15일은 김일성의 생일이다. 태양절이라고 해서 민족최대의 명절로 지킨다. 처음에 민족최대의 명절로 쉰다고 해서 무슨 날이냐고 하니 북한 근로자들이 앞 다투어 말했다. "남한에서도 지키지 않습니까? 세계적으로 지키는 명절인데 모르십니까?" 저들은 그렇게 알고 있다. 전 세계가 태양절을 지키고 있다고 믿고 있다. 글쎄올시다. 금시초문입니다.

태양절을 지난 다음날 출근하는 북한 아가씨에게 물었다. "동무, 태양절 날 수령님께 참배하고 왔나?" 정색을 하며 "선생님, 참배라니요. 사전 찾아보십시오. 참배는 죽은 사람에게나 하는 겁니다. 수령님은 아직도 살아 계셔서 영원히 우리와 함께 하시기 때문에 인사라고 고쳐 말씀하십시오"라고 대답했다. 그렇다. 수령님이 영생교주이다. 속으로 묻는다. '나는 주님이 아직도 살아계셔서 나와 함께 하심을 믿고 있는가?'

법인장으로 일하시는 장로님이 감기 때문에 병원에 왔다. 이곳에는 감기환자가 많다. 방바닥은 뜨겁고 외풍은 강해서 그렇다. 얘기 도중 친구가 신학대학 총장인데 얼마 전 평양을 다녀와서는 북한에 기독교 신자가 있다는 것은 거짓이라고 확신했단다. 특히 묘향산에 가서는 그것을 뼈저리게 느꼈다는 것이다. 오고가는 거리에 "수령님은 아직도 살아 계셔서 영원히 우리와 함께 하신다"는 선전 문구에 충격을 받았단다. 정확하게 보았다. 북한에 기독교신자가 있다는 것은 불가능한 일이다. 지도자가 태양이요, 신인데 어떻게 한 하늘에 두 태양이 뜰 수 있겠는가? 아니 어찌 다른 태양을 인정할 수 있겠는가?

통일 냄비를 만든 공장을 방문했다. 공장을 안내했던 총무가 마당에 서서 멀리 보이는 판문점을 가리키며 "선생님, 저기 판문점이 보이지 않습니까? 저곳에 우리 장군님이 방문한 적이 있습니다. 최고 사령관께서 최전방을 시찰한다는 것은 전례가 없는 위대한 사건이었습니다. 장군님께서 판문점을 방문하던 날 안개가 자욱하게 꼈는데 이것은 남한의 적들로부터 우리 장군님을 보호하기 위한 것이었습니다. 이처럼 우리 장군님은 일기조차도 운행하시는 위대한 지도자이십니다"라고 했다. 박수가 절로 나올 뻔 했다.

TIP : '현대아산 공장장의 말에 의하면 북한 근로자의 조직 체계는 '반원-조장-반장-총무-직장장-부지배인-지배인'으로 되어 있는데 개성공단에서는 직장장이 최고 책임자라고 한다. 개성공단에는 남북의 두 가지 조직체계에 의해서 운영되는데 슬프게도 남한의 조직체계는 유명무실하며 거의 영향력을 미치지 못한다. 심지어 생산량의 조정도 북한의 손에 넘어간 기업이 대부분이다.

개성공단에서 십일 년

남한 간호사가 마트에 근무하는 북한 여성에게 김일성 초상화가 그려진 배지를 손가락으로 가리키며 물었다. "동무, 가슴에 단 배지 잃어버리면 다시 주니?" 지도자의 이야기만 나오면 북한 근로자들의 태도가 평소와는 전혀 다른 모습으로 변한다. 이에 정색을 하며 "언니 배지라니요. 휘장이라고 고쳐 말씀하십시오. 그리고 휘장을 가리킬 때는 손가락질을 하지 말고 두 손을 모아 공손히 가리키십시오. 그리고 휘장을 잃어버리느냐고요? 나는 수령님을 제 심장 속에 모시고 살기 때문에 절대로 잃어버리는 일 없습니다"라는 대답을 했다. 나는 이 고백을 전해 듣고는 너무 놀랐다. 그리고 평소 '심장에 남는 사람'이라는 노래를 들으며 그런 사람은 어떤 사람일까? 궁금했는데 그 사람이 바로 저들의 수령이라는 사실을 알게 되어 두 번 놀랐다. 그러면서 의문이 생긴다. '나는 주님을 심장 속에 모시고 살고 있기나 한가?'

남한에서 통일부장관이 왔을 때 기다리며 북한 동무에게 말했다. "남한에서 통일부장관 오신 것 아니?", "예, 알고 있습니다. 작년에도 왔다 가셨지 않습니까?" 그러면서 묻지도 않은 말을 했다. "장관님은 참 행복한 분이십니다." 무슨 말이냐고 하니 천연덕스럽게 "얼마 전에 우리 장군님을 만나 사진도 찍으시고 식사도 같이 하지 않았습니까?"라고 했다. 북한 사람들은 장군님을 만난 사람은 남한 사람일지라도 부러워하며 함부로 대하지 않는다. 얼마 후 그 동무에게 물었다. "동무, 지금 최고의 소망이 뭐야?" 주저 없이 대답했다. "그야 물론 장군님 만나 뵙는 거죠." 왜 아니겠는가? 장군님을 만난 사람은 이 세상에서 가장 행복한 사람이라고 믿고 있으니까. 어떤가? 주님을 만난 사람은 이 세상에서 가장 행복한 사람이라고 믿고 있는가? 아니 주님을 만나고 싶어 하기나 하는가? 도전이 된다.

　이런 신앙이 어느 날 갑자기 생긴 걸까? 아니다. 탁아소에서부터 시작된다고 한다. 개성공단에도 탁아소가 두 군데 있다. 탁아소 선생이 점심 때가 되어 아이들에게 묻는다. "동무들 배고프죠? 무엇을 먹고 싶습니까? 맛있는 빵이 먹고 싶다고요? 남한에 기독교에서는 하나님께 빈다고 하는데 우리도 눈감고 빌어 보자꾸나. 하나님, 우리 동무들 배고픈데 맛있는 빵을 주십시오." 눈을 떠서 보니 아무 것도 없다. "아이쿠, 하나님도 소용없구나. 이제 장군님께 빌어보자. 장군님, 우리 동무들 배고픈데 맛있는 빵을 주십시오." 이때 식탁에 빵을 몰래 갖다 놓는다. 눈을 떠서 보니 빵이 있다. 아이들이 좋다고 난리다. 선생이 묻는다. "동무들, 이 빵 누가 주셨나요?" 당연히 "우리 장군님이요"라고 대답할 것이다. 이것이 반복되면 빵은 자연스럽게 장군님이 주시는 것이 되는 것이다. 모든 것이 그 분으로부터 주어진다는 믿음이 생긴다. 그 분이 어버이 수령이시다. 그 분이 모든 것을 책임져 주신다. 그러므로 그분의 은혜를 생각하면 절로 눈물이 나는 것이다. 그리고 그 분을 생각하면 어떤 어려움도 능히 이겨 낼 수 있는 것이다. 나는 나에게 주어지는 모든 것이 하나님으로부터 오는 것이라고 믿고 있는가? 그래서 그 분의 은혜를 생각하면 절로 눈물이 나던가?

175　　　　　　　　　　　　　　　　　　　　개성공단에서 십일 년

북한 사람들의 신앙고백을 들으면서 도전을 많이 받았다. 그리고 저들의 정체를 알게 되었다. 장군님을 만난 사람은 이 세상에서 가장 행복한 사람이고, 그 분의 은혜를 생각하면 눈물이 절로 나온다고 자신 있게 고백하는 견고한 신앙 집단이라는 사실을 깨닫게 되었다. 그리고 내가 저 사람들보다 더 행복하지 않는 한 북한 선교는 어림도 없다는 것을 깨달았다. 속내는 모르지만 겉으로는, 그리고 다른 곳은 모르지만 개성공단만큼은 저들의 지도자를 믿는 믿음만으로도 저 사람들이 우리 보다 더 행복해 보이기 때문이다.

꿈
에
도
소
원
?

　'우리의 소원은 통일, 꿈에도 소원은 통일'이라고 사람들이 노래하고 있다. 정말 그토록 통일을 소망하는 사람들이 얼마나 될까? 그런 사람들이 있다면 왜 그토록 통일을 바라는가? 이유는 하나다. 저들이 우리의 형제요, 동포라고 생각하기 때문이다. 문제는 바로 여기에 있다. 내가 11년 동안 저들과 함께 살아오면서 저들은 우리의 동포가 아닐 수도 있겠다는 생각이 들었다. 받아들이기 어렵고 고통스럽지만 그런 생각이 자꾸만 든다.

　한 때 코카콜라 회사의 충성된 일군들의 혈관에는 피 대신 콜라가 흐른다는 이야기가 있었다. 철저한 코카콜라 직원이라는 뜻일 것이다. 이처럼 북한 땅에 사는 사람들의 혈관에는 '우리 민족의 피가 아니라, 김일성의 피가 흐르고 있는 것은 아닐까?'라는 의심이 생긴다. 그것이 사실이라면 과연 북한 사람들이 한 민족, 한 형제일까? 그 옛날 한 가족이었지만 오랜 세월 이산가족으로 살다 만나니 남남으로 느껴지는 것은 무슨 이유일까? 세월의 탓만은 아닐 것이다. 옛날 헤어지던 순간 바로 그 사람이 지금은 아니기 때문일 것이다. 무슨 일이 있었던가? 김일성의 주체사상 아니 '주체교'라는 종교 체제 속에 살다보니 달라진 것이다. 이제는 김일성의 사람으로 변한 것이다. 저들 스스로 그 사실을 고백하고 있다. **〈백두산이 받들었다〉**는 찬양 시에 "김일성 조국이여, 김일성 민족이여"라고 분명히 밝히고 있다. 그렇다면 저들은 김일성 민족이지 우리와 같은 민족이 아니지 않은가?

그것이 진실이라면 매우 절망스러운 일이다. 특별히 이산가족들에게는 충격적인 소식이다. 그러나 눈을 크게 뜨고 엄연한 현실을 직시해야 한다. 그것이 정말 사실이라면 통일에 대해서 다시 생각해야 한다. 통일의 이유와 당위성도 마찬가지다. 그렇다면 통일의 막연한 환상에서 벗어나야 할 것이다. 그리고 꼭 해야 한다는 강박관념에서도 자유로워져야 하지 않을까? 그렇다면 이제 통일은 이렇게 슬픈 종지부를 찍어야 하는 것일까? 더 이상 통일 이야기를 하지 말아야 하는 것일까?

나의 의심이 의심으로 끝나기를 바란다. 아직도 저들은 한 민족이요, 한 형제자매라고 믿고 싶다. 그래서 통일은 해야 할 이유가 있고, 반드시 이루어야 할 민족의 최대과업이라고 외치고 싶다. 만일 아니라고 해도 실망할 필요는 없다. 다른 가능성이 우리를 기다리고 있기 때문이다. 그것은 변질된 민족과 형제의 동질성을 회복하면 되는 것이다. 저들의 혈관 속에 우리와 같은 피가 흐르게 하면 되는 것이다.

그것이 어떻게 가능할까? 인간적으로는 거의 불가능한 일이다. 현실적으로 보면 그렇다. 그러나 신앙의 눈으로 보면 가능성이 활짝 열려 있다. 성령의 능력 안에서 가능하다. 저들이 단순한 정치체제나 국가체제가 아니라 사이비 종교집단이기 때문에 가능하다. 종교 안에서 아니, 주님의 능력 안에서 남북의 동질성이 회복되고 하나 됨이 가능하다. 바로 여기에 북한 선교의 필요성이 대두하는 것이다.

오늘은 만우절이다. 남한에서는 소방서와 경찰서에 거짓 전화가 난무한다. 혹여 거짓말이라도 좋으니 '남북통일이 되었다'는 긴급소식을 병원전화를 통해 들었으면 좋겠다(**2007.4.1. 일기 중에서**).

은행, 마트 그리고 병원의 젊은이들이 모이니 대화가 길다. 남과 북의 젊은이들이 얼굴을 마주하고 진지하게 대화하는 모습을 보니 코끝이 찡하다. 일반 공장에서는 볼 수 없는 장면이다. 기관에서 일하는 북한 사람들은 집안 배경이 좋다. 그래서 그런지 행동이 자유로운 편이다. 아무튼 전에는 상상하지도 못했던 일이 지금 이곳에서 벌어지고 있는 것이다. 이런 만남과 대화가 대대적으로 이루어진다면 통일은 그만큼 빨라 질 것이다(2007.8.2. **일기 중에서**).

유 선생이 강 동무에게 통일에 대하여 어떻게 생각하느냐고 물으니 "6.15 공동선언 직후 남한 기자들이 우리 장군님에게 언제 통일이 되겠느냐고 묻자, 마음만 먹으면 된다고 하셨습니다"라고 대답했다. 그렇다. 남북 모두가 마음만 먹으면 통일은 이루어진다. 특별히 남북의 지도자들이 마음만 먹으면 통일의 그 날은 오고야 말 것이다. 그렇게 마음먹는 날이 속히 오기를 기도한다.

사이비 종교집단

통일의 대상인 북한을 얼마나 알고 있는가? 아니 북한을 어떻게 알고 있는가? 남북문제가 이렇게 파국을 맞이한 이유가 무엇일까? 북한 선교가 덧없는 외침으로만 끝나고 있는 이유가 무엇인가? 남북통일이 이처럼 요원하게 느껴지는 원인은 어디에 있는 것일까? 방법론이 잘못되어서인가? 아니면 퍼주지 않아서인가? 여러 가지 이유가 있을 것이다. 그러나 근본적인 이유는 상대를 잘 모르고 있기 때문이다. 몰라도 너무 모르기 때문이라고 생각한다.

우리는 흔히 북한을 공산주의 국가라고 생각한다. 아니다. 이미 저들이 먼저 공산주의라는 말을 모두 모든 문서에서 삭제하였다. 더 이상 북한은 공산주의 국가가 아니다. 그러면 사회주의 국가인가? 그것도 아니다. 사회주의란 공동생산과 공동분배를 하여 모두가 잘 살고자 하는 체제이다. 그러나 북한은 공동생산은 하지만 공동분배는 사실상 안 한지 오래되었다. 배급이 시행되지 않고 있다. 자력갱생을 외치며 스스로 생계를 이어가지 않으면 안 되는 상황이 되었다. 배급대신 장마당이 그 자리를 대신하고 있다. 장마당이 무엇인가? 시장경제 체제이며 자본주의 체제이다. 물건을 사고팔아 필요한 것을 스스로 얻고 그런 행위를 통해 이윤을 얻는 곳이다. 그러므로 북한은 더 이상 사회주의 국가가 아니다.

아니면 군인들이 선도하는 소위 선군 정치하는 군부독재 국가인가? 그것도 아니다. 이제는 사실상 군부가 아니라 조선 노동당이 북한을 이끌고 있다. 그것도 지도자 한 사람이 나라를 지배하고 있다. 지도자는 더 이상 인간이 아니다. 신의 다른 이름이다. 세상 어디에 지도자의 생일을 태양절이라 하여 민족 최대의 명절로 지키고 있는가? 더구나 그 아들의 생일까지 광명성절이라 하여 민족명절로 지키는 나라가 도대체 어디 있는가?

북한의 지도자들, 그들은 교주이다. 아니 차라리 신이다. 그들을

TIP : '사회주의'는 생산수단의 사적소유와 소수관리에 반대하고 공동체 주의와 최대 다수의 행복실현을 최고 가치로 하는 공동이익 인간관을, 사회 또는 윤리관의 기반으로 삼고 자원을 효율적으로 분배하며 생산수단을 공동으로 운영하는 협동경제와 모든 민중이 노동의 대가로서 정당하고 평등하게 분배받는 사회를 지향하는 다양한 사상을 통틀어 일컫는 말이며, 또는 그 과정을 의미하기도 한다.

[출처 : 위키백과, 우리 모두의 백과사전]

믿고 따르는 주체교 신자들이 바로 북한 인민들이다. 그것도 지도자를 만난 사람은 세상에서 가장 행복한 사람이라고 고백하는 견고한 신앙 집단이다. 더 나아가 그분의 은혜를 생각만 해도 눈물이 절로 나온다는 사이비 종교 집단이다. 그러므로 지도자가 바뀌어도 망하지 않는다. 여전히 저렇게 버티고 있는 것이다. 사이비 이단 집단의 교주가 죽으면 교세는 약화되어도 그 조직은 여전한 것과 같은 이치이다. 그런데도 통일을 원하는가? 그리고 어떻게 할 수 있는가? 여기에 통일의 위기가 있다. 그러나 또한 여기에 통일의 기회가 있다.

동질성의 회복

북한이 철저한 신앙집단이라는 사실이 통일에 대한 절망감을 준다. 그러나 동시에 통일과 더 나아가 북한 선교에 대한 실마리와 사명감을 가져다준다.

남북통일의 당위성을 살리기 위해서는 민족의 동질성을 회복해야 하는데, 인간적으로는 불가능하다. 하나님의 도우심, 성령님의 강력한 역사 없이는 기대할 수 없는 일이다. 그것이 바로 우리로 북한 선교의 장으로 나가게 하는 원동력이 되는 것이다.

남한에서 먼저 믿는 우리가 하나님의 온전한 백성이 되는 것이다.

그리고 담대히 나아가 북한 사람들에게 전도하는 것이다. 그리하여 저들이 잘못된 신앙의 대상을 포기하고 두 손 들고 주님 앞에 나올 때 저들 역시 하나님의 백성이 될 것이다. 이렇듯 남북 모두가 하나님의 백성이라는 동질성이 회복될 때 비로소 통일의 이유가 생기고, 더 나아가 성령의 역사가운데 하나 되는 기적이 일어 날 것이다.

그렇다면 북한 선교 어떻게 할까? 물질공세 하면 될까? 계속해서 퍼주면 될까? 북한에 예배당을 지어주면 될까? 그것은 실마리는 될지 모르지만 근본적인 처방은 되지 못한다. 저들은 하나님 없이도 이미 저들의 지도자만으로도 행복하다고 고백하고 있다. 남한 근로자들은 옆구리를 찌르면 욕이 나온다. 그러나 북한 근로자들은 옆구리를 찌르면 신앙고백이 나온다. 속내는 모른다. 겉으로는 그렇다. 다른 지역은 모른다. 그러나 개성공단은 그렇다. 그렇다면 북한 선교도 물 건너 갔다는 말인가?

북한 선교에 과연 돌파구가 있는가? 이곳 개성공단이 실마리가 아닐까? 그렇다. 여기에서부터 시작되는 것이다. 아니, 이미 시작되었다. 이곳에서 예배드리고 있다는 사실 자체가 그리고 북한 근로자들을 직접 또는 간접적으로 치유하고 섬기고 그들을 위해 기도하고 있다는 것이 분명한 증거이다.

개성공단에서 십일 년

주일이다. 오늘은 광복절 기념주일로 지키는 날이다. 남한에서는 내일 광복절 60주년을 맞아 각종행사를 준비하고 있다. 그리고 북한 대표들이 참여하고 있다. 남북축구도 계획되어 있다. TV뉴스를 보니 북한 대표들이 국립묘지 현충탑을 찾아 묵념했다고 한다. 6.25 전쟁 동안 죽어간 영령들 앞에 머리를 숙인 것이다. 속내는 모르지만 역사적인 사건임에 틀림없다. 이제 미움과 증오의 과거사를 떨쳐버리고 새로운 화해와 통일의 장으로 나갔으면 좋겠다. 예수님처럼 자기를 부인하고 원수조차도 사랑하는 평화의 영성이 우리에게 무엇보다 필요하다. 물론 우리의 힘으로 되지 않는다. 성령이 임하여 우리가 부인되고 예수님이 주인 되어 그분의 사랑으로 충만할 때에 우리 속에 하늘의 평화가 임하고 나아가 평화를 만드는 자들이 될 것이다. 주님의 평화가 분단의 아픔을 겪고 있는 이 나라에 임하기를 기도한다(2005.8.14. 일기 중에서).

광복 60주년을 기념하는 날이다. 이곳 개성공단은 너무 조용한 날이다. 아무 행사도 없이 그냥 쉬는 날이다. 모든 행사는 서울에서만 한다. 남북축전(축제)도 마찬가지다. 가장 의미가 있고 상징적인 곳인데 이곳에서도 무언가 있어야 할 것 같은데 아무것도 없다. 광복절을 맞는 마음이 진보와 보수 사이에 같지 않은 모양이다.

남한도 하나 되지 못한 채, 무슨 남북통일을 운운하는가? 동서의 벽이 아직도 높은데, 남북의 담이 허물어질 수 있는가? 하기야 교회도

186

하나 되지 못하는데 무슨 말을 하리요? 분쟁의 뿌리가 깊은 이 민족에게 하나 됨의 영성을 허락해 주옵소서(2005.8.15. **일기 중에서**).

행복하십니까?

북한 선교 어떻게 하라는 말인가? 물론 여러 가지 방법이 있을 것이다. 그러나 가장 근본적인 방법은 남한의 신자들이 달라지는 것이다. 한마디로 저들보다 더 행복해지는 것이다. 저들보다 더 어려운 삶의 현장에서도 나는 행복하다고 자신 있게 선포할 수 있어야 한다. 아무것도 없는 안타까운 상황에도 하나님 한 분만으로도 나는 이 세상에서 가장 행복하다고 고백할 수 있어야 한다.

나는 참으로 부끄러운 기도를 한 적이 있다. 열악한 현실을 불평하며 울부짖은 적이 있다. 목회를 접고 나오니 갈 곳이 없었다. 평생 사택에서 살 줄 알았기 때문에 아무런 대책이 없었다. 그래서 집사람은 친정으로, 아들은 외가로, 난 고민하다 처가로 갔다. 가보니 집사람은 친정에 와 있는데, 대학에 갓 입학한 아들은 와 있지 않았다. 왜냐고 물으니 저 나름대로 인생을 계획한다고 학교를 휴학하고 공장에 취직 했다는 것이다. 그리고 얼마 후에 들려온 소식은 열악한 환경에서 제대로 먹지도 못하고 일하다가 폐결핵에 걸려 다 죽어간다는 것이었다. 그러지 않아도 아빠 노릇을 제대로 못 해서 괴로웠는데, 이제 병까지 걸리게 한 것 같아 미칠 지경이었다. 집사람은 친정아버지의 눈총으로 불편한지 단칸방이라도 얻어 독립했으면 한다.

이런 저런 생각에 울컥하여 울부짖었다. "하나님, 나야 목사로서 마땅히 감당해야 할 사명이고 어려움이지만 우리 가족들, 특히 사랑하는 아들을 왜 저렇게 고통당하게 하십니까?" 이때 성령님을 통해서 음성을 들려주셨다. "김 목사, 내 은혜가 네게 족한 줄 알아라." 그러나 쉽게 "아멘"이 나오지 않아 "이런 상황에 무슨 은혜가 족합니까?"라며 더 대들었다. 다시 음성이 들려왔다. "그래도 네 아내와 아들은 남한에서 살고 있지 않느냐?" 그 음성에 나는 잠잠해 질 수밖에 없었다. 그때에 비로소 남한에서 태어나서 살고 있는 것만으로도 너무 큰 축복이요, 행복이라는 사실을 깨닫게 되었다. 물론 비교 우위적 '행복론'은 성숙하지 못한 모습이고, 절대적일 수도 없다는 사실을 알고 있다. 그러나 남한에 살고 있다는 것만으로도 우리는 불평해서는 안 된다. 그리고 저들보다 더 행복해야 한다. 이것이 어쩔 수없는 요구요, 현실이다. 그 누가 뭐래도 나는 그렇게 생각한다.

남한으로 휴가를 나올 때마다 얼마 떨어지지 않은 곳에 전혀 다른 세상이 펼쳐져 있다는 사실에 놀란다. 그리고 '북한 간호사들을 이곳으로 초청해서 보게 하며 맛있는 것을 사주면 얼마나 좋아할까?'라고 생각한다. 그러나 인간인지라 그런 생각은 잠시이고 곧 불평하는 나약한 모습으로 돌아온다. 그리고는 끊임없이 질문한다. 진정 남한에 살고 있다는 것만으로도 행복한가? 북한 사람들 보다 행복하다고 자신 있게 고백할 수 있는가?

누군가 잘못된 선택도 빨리 하면 할수록 마음이 평안하다고 했다. 요나가 그랬다. 하나님의 명령을 따라 니느웨로 갈까를 고민할 때는 잠을 잘 수가 없었다. 그러나 "모르겠다. 다시스로 가자"라고 결정했을 때는 비록 잘못된 선택이었지만 그래도 태풍 속을 항해하는 배 가운데서도 단잠을 잘 수가 있었다. 그러므로 "세상이냐? 하나님이냐?"를 고민하지 말고 빨리 하나님만을 선택해서 참된 평안과 행복을 누리리라 다짐해 본다(2005.11.5. 일기 중에서).

북한 사람들보다 더 행복한가?

계속해서 행복에 대해 질문을 할 수밖에 없다. 행복이 바로 통일의 첩경이라고 생각하기 때문이다. 북한 사람들보다 더 행복한 가가 중요한 문제다. 그렇지 않으면 북한 선교를 할 수 없고, 나아가 통일도 불가능하다. 계속 강조하지만 북한은 사이비 종교집단이기 때문이다. 그것도 견고한 주체교 신앙집단이기 때문이다.

북한 사람들은 아침에는 독보회로 시작하고 저녁은 생활총화로 마감한다. 끊임없이 서로를 감시하고 고발한다. 의류업체에서 누가 쓰다 남은 실타래 2개를 참사에게 주었는데, 이것이 고발당해 일주일 동안 조사받는다고 고생 했다. 위아래 할 것 없이 고발하고 고발당하는 것이다. 집에서 발전할 수 있는 기계를 받은 직장 대표는 부하의 고발로 처벌을 받기도 했다. 그러므로 모두를 언제나 경계한다. 어떤 북한 근로자가 귓속말로 "우리는 마누라도 믿지 못합니다"라고 속삭였다. 살맛나지 않는 세상이다.

개성공단에서는 우리를 절대로 혼자서 만날 수 없다 최소한 2인 이상 동행해야한다. 심지어 두고 간 물건을 가지러 오는데도 둘이 온다. 혼자서는 남한 차를 탈 수 없다. 엘리베이터도 우리가 타면 북한 사람이 혼자인 경우에는 내린다. 밥도 같이 먹으면 안 되고, 운동도 함께 할 수 없다. 공장에서 일하는 작업 조에는 당원 2명, 직장동맹, 그리고 미혼 여성으로 조직된 청년 동맹으로 구성되어 있다. 3인조 감시망을 가동해 중첩 보고하도록 되어 있다. 이 조직을 움직이는 사람은 누

개성공단에서 십일 년

구도 모른다. 그리고 저들은 주거 이전이나 다른 지역으로 이동할 수 있는 통행의 자유가 없다. 개성공단에 다니는 사람들에게는 더 엄격하게 적용한다고 한다. 남한 사람들에게 보고 들은 것을 전할까 두렵기 때문이다. 그러나 자유롭게 말하고, 행동하고, 가고 싶은 곳은 해외라도 마음껏 다닐 수 있는 남한의 사람들이 진정 저들보다 더 행복한가?

북한 사람들은 앞서 소개한대로 의식주 문제조차도 해결되지 않고 있다. 특히 먹는 문제가 심각하다. 제대로 먹지 못해 영양이 부실하고 심지어 죽어가는 사람들도 많다. 일부 극소수의 여성 동무들이 "살을 까야겠습니다"라고 몸무게를 걱정하지만, 대부분의 여성들은 아무런 노력을 하지 않아도 너무 지나칠 정도로 날씬하다. 그러나 모든 것이 너무나도 풍요롭고 너무 먹어 살찐 몸을 다이어트 하느라고 시간과 돈을 쓰고 있는 남한의 사람들이 저 북한 사람들보다 더 행복한가?

남한 직원이 자기 공장의 북한 근로자들이 김정일 위원장의 생일(2월16일)을 맞아 충성을 바치는 노래경연에 나가기 위해 준비하는데 대단하다고 했다. 법인장으로 일하시는 장로님이 마침 공장에서 시연(리허설)이 있는데 보러 오라고 하였다. 좋은 기회라 생각되어 따라 나섰더니, 공장 한 쪽에서 이미 준비가 시작되었다. 잠깐 준비한 후 시연에 들어갔는데 TV에서만 보던 장면을 직접 목격하게 되어 충격을 받았다. 한 명, 두 명, 또는 네 명이 나와 충성을 다짐하는 찬양시를 읊고 그

후에는 노래와 춤을 추고 조화다발을 흔들어 대었다. 북한 직장대표가 자랑스럽게 "3일 동안 매일 두 시간씩 연습한 것입니다. 모든 순서나 대사는 우리가 나름대로 준비한 것입니다"라고 하였다.

쇠약해 보이는 한 중년의 여인이 나와 표독스럽게 "백두산의 아들, 빨치산의 아들, 우리 장군님을 모두 받들라"고 외치는 모습은 무서울 정도였다. 이를 지켜본 남한 직원들이 이구동성으로 "저들의 눈과 표정과 행동이 달라졌습니다. 무서울 정도로 달라졌습니다. 장군님 얘기만 나오면 사람들이 달라집니다. 조금 전에 공장에서 꾸벅 꾸벅 졸면서 맥없이 일을 하던 사람들이라고는 믿기지 않을 정도로 달라졌습니다"라고 하였다. 나도 보면서 동의하지 않을 수 없었다. 물론 저들 중에는 마지못해 하는 사람들이 틀림없이 있을 것이다. 그러나 대부분은 진정 장군님의 은혜로 자신의 존재가 있는 듯이, 그 분을 위해서 목숨이라도 바칠 양 진지한 표정이다. 저들을 보면서 잘못된 신앙이라도, 그것이 열정적이고 진지한 것이라면 사람을 바꾸어 놓는다는 사실을 알게 되었다.

나는 과연 하나님을 향한 충성심이 있는가? 주님을 위해 목숨을 바칠 각오가 되어 있는가? 하나님을 나의 창조주요, 양육자요, 전부라고 고백할 수 있는가? 다시금 마트에 근무하는 김 동무의 "장군님을 만난 사람은 세상에서 가장 행복한 사람입니다"라는 고백이 귓전을 울린다. 나는 과연 하나님을 만났다는 사실 하나만으로 "이 세상에서 가장 행복합니다"라고 자신 있게 선언할 수 있는가?

이 질문들에 자신 있게 대답 할 수 있는가? 그렇지 않다면 북한 선교는 어림도 없다.

행복해질 수 있는가?

행복하지 않으면 그것도 북한 사람보다 행복하지 않으면 북한 선교가 불가능하고 결국 통일을 이룰 수 없다. 그런데 과연 우리는 행복해질 수 있는가? 한국의 현실은 어떤가? 국민들은 지도자들을 더 이상 신뢰하지 않는다. 먹고사는 일도 버겁다. 청년실업을 말하고 '헬조선'이라며 나라를 떠나고 싶다고 한다. 젊은이들은 자신들은 불행하다고 주저 없이 말한다. 그래서인지 자살률이 세계에서 손꼽을 정도로 높다. 교회는 어떤가? 교세가 줄고, 헌금이 줄고, 한국교회의 60%가 교회학교가 없으며, 신학교를 졸업해도 갈 교회가 없다고 한다. 그런데도 행복할 수 있는가? 있다면 그 비결은 무엇인가? 돈 많이 벌고 명예와 권력을 얻으면 행복해질까? 오늘날 세상은 물론 교회에서조차 그런 것들이 행복의 조건이고 신앙생활을 통해서 얻을 수 있다고 강조한다. 믿음이 좋을수록 더 많은 것을 누릴 수 있다고 강단에서 외치고 있다. 그러므로 가진 것이 없는 자들이 이중적인 고통을 당한다. 세상에서는 없다고 무시당하고 주눅이 들어 사는데 교회에서조차 믿음이 없어 못 사는가 싶어 고개를 들 수 없다, 어디로 가야 한단 말인가? 세상적인 것들이 과연 행복을 가져다주던가? 가진 것만큼 정말 그렇게 행복하던가? 그런데 왜 재벌과 재벌2세가 자살을 하는가? 가진 것들이 행복의 수단이 될지 모르나 행복의 근원이 되지는 못한다. 편하게는 하지만 평안하게 하지는 못한다.

북한 사람들을 보라. 아무것도 없다. 있는 것은 알량한 자존심밖에 없다. 우리가 볼 때에는 불쌍하기 그지없다. 행복할 수가 없다. 세상적인 상식과 가치관으로 보면 도무지 살 소망조차 없는 사람들이다. 그러나 놀랍게도 저들은 비참한 삶의 현장에서도 행복해지려고 애를 쓴다. 최소한 우리 보다 행복해 보인다. 아니 속내는 몰라도 겉으로 드러난 모습은 우리보다 더 행복하다. 그 이유는 저들이 믿는 지도자 때문이다. 주체교 신앙 때문이다. 장군님을 만난 사람은 행복하다고 고백한다. 장군님의 은혜를 생각하면 눈물이 절로 난다고 선포한다.

나는 처음에는 '어떻게 하면 정체를 들키지 않고 안전하게 사역할 수 있을까? 어떻게 하면 주님의 사랑을 전할 수 있을까?'라는 마음으로 기도를 했다. 그러나 개성공단에서 11년 동안 북한 사람들과의 만남을 통해 저들의 신앙의 견고함을 보았다. 그리고 나보다 더 밝은 모습에 도전을 받았다. 그래서 기도의 내용을 바꿨다. "하나님, 물론 저들의 신앙의 대상도, 내용도 잘못되었지만 저들의 믿음을 넘어서는 신앙을 허락하여 주옵소서. 외롭고 무료하고 답답한 현장에 있고, 남측에 두고 온 가족들이 어렵고 힘들지라도, '내가 하나님을 만났다는 그 사실 하나만으로 세상에서 가장 행복합니다'라고 자신 있게 고백할 수 있는 성숙한 모습으로 변화되게 하옵소서. 그리고 그러한 모습으로 저들을 향해 담대히 나아가게 하옵소서."

우리는 최소한 이런 고백은 할 수 있어야 한다. "아무리 둘러보아도 소망이 전혀 없는 현장에 있어도 내가 하나님을 만났다는 사실 하나만으로도 세상에서 가장 행복합니다." 북한 인민들보다 더 어려운 삶 가운데도 더 행복해야 한다. 썩어 없어질 세상적인 부산물 때문이 아니라, 오직 하나님 한 분만으로 행복할 수 있어야 한다.

그것이 어떻게 가능한가? 인간적으로는 불가능하다. 아무리 애쓰고 힘써도 안 된다. 오직 하나님만이 할 수 있다. 하나님의 신으로 가능하다.

사도행전 1장 8절에서 성령이 임하면 권능을 받는다고 말한다. 성령의 능력하면 한국교회는 "눈물이 핑 도네요 정말로 가슴이 찡 하네요 정말로"라는 유행가 가사처럼 감정적인 변화정도로 치부하는 경향이 있다. 그런가 하면 방언, 예언 또는 신유은사처럼 신비한 체험만을 강조하기도 한다. 물론 그 모두가 성령의 능력의 결과물인 것을 부인할 수 없다. 그러나 성령의 능력이 궁극적으로 추구하는 것은 달라지는 것이다. 사도 바울은 성령의 능력이 임해서 역사하면 사랑, 희락, 화목, 오래 참음, 자비, 양선, 충성, 온유, 절제와 같은 인격적인 변화가 일어난다고 고백한다. 한마디로 하면 사랑하는 사람으로 달라지는 것이다. 궁극적으로는 예수님처럼 달라지는 것이다. 예수님이 곧 사랑이시기 때문이다. 예수님은 심지어 원수조차 사랑하신다. 많은 사람들이 다른 원수는 몰라도, 저 북한의 원수는 용서도 안 되고, 사랑도 할 수 없다고 외친다. 그러나 예수님은 북한의 원수들조차도 용납하시고 사랑하신다. 무엇보다 북한보다 더 어렵고 힘든 상황에서도 예수님은 평안을 잃지 않고 기뻐하며 행복을 누리신다. 그렇다. 성령의 능력으로 예수님처럼 행복한 모습으로 변해야 한다. 북한보다 더 한심한 상황에서조차 낙심하지 않고 더 행복할 수 있는 모습으로 달라져야 한다. 그래야 비로소 "내가 하나님을 만났다고 하는 그 사실 하나만으로 나는 세상에서 가장 행복합니다"라고 자신 있게 고백할 수 있다. 그리고 그렇게 변화 된 모습으로 믿지 않는 사람들을 향해 나가야 한다. 특별히 오늘의 사마리아요, 땅 끝인 저 북한 땅을 향해 나가야 한다. 그럴 때 남한의 백성들이 우리를 통해 모두 하나님의 백성이 되고 더 나아가 잘못된 신앙체계 속에서 방황하는 북한 인민들이 두 손 들고 회개하고 하나님의 백성들이 될 것이다. 이렇듯 남북 모두가 하나님의 백성이라는 동질성이 회복될 때 비로소 통일의 이유가 생기고 더 나아가 성령의 역사가운데 하나 되는 기적이 일어 날 것이다.

주님이 주시는 능력 안에서만 행복할 수 있다. 성령이 임하고 강하게 역사하면 된다. 예수님처럼 달라지는 폭발적인 권능을 얻으면 된다. 신앙생활의 종착지는 행복이라고 생각한다. 하나님 안에서 최고의 행복을 누릴 수 있느냐는 것이 궁극의 목적이다. 천국이 무엇인가? 하나님만으로도 더 이상 부족함이 없이 행복한 곳이다, 그러므로 우리 그리스도인은 하나님 한 분만으로 행복해져야 한다. 그럴 때 북한 선교를 향한 발걸음을 떼어 놓을 수 있다. 그리고 북한 선교가 성공적으로 이루어질 것이다. 우리의 달라진 모습으로 예수님이, 복음이 전파되어 북한의 주체교 신자들이 회개하여 하나님 앞에 나올 때 우리 모두는 하나님의 백성이 될 것이다. 이것이 남북통일의 실마리이고 첩경이다. 절대적인 길이다. 북한은 정치적인 체제가 아니라, 종교집단이기 때문에 그렇다.

나, 돌아갈래!

개성공단이 슬프게도 문을 닫았다. 그 나름의 합당한 이유가 있었을 것이다. 깊이 고민한 끝에 나온 정치적인 판단도 있었을 것이다. 그런 것에는 나의 생각이 미치지도 못하고 시시비비를 가릴 능력도 없다. 다만 어제는 있다가 오늘은 없어진 물건처럼 아쉬운 것이다. 조금 전에는 있었는데 지금 없기에 고통스럽다. 그래서 다시 열렸으면 좋겠다는 것이다. 물론 개성회복을 소망하는 데는 몇 가지 소박한 다른 이유도 있다.

우선 입주기업들이 안 되었다. 몇몇 업체를 제외하고는 그곳에 올인(all in)한 기업이 대부분이다. 위험한 곳인지 알지만 마지막 기회라 생각하고 들어간 기업들이다. 그러므로 개성공단이 닫히면 더 이상 소망이 없다. 어떤 지원이나 보상도 저들의 근본적인 회생에는 도움이 안 된다. 더구나 공단 주재원들은 물론 협력업체의 근로자들 대부분이 하루아침에 일자리를 잃었다. 어쩌면 나도 그중의 한 사람인지도 모른다. 사역지를 잃었기 때문이다. 남한에서 할 일도, 갈 곳도 없다. 슬프다. 그러므로 하루속히 공단가동이 재개되어야한다.

많은 사람들이 개성공단을 정치적 또는 경제적 시각으로만 바라본다. 이분법적 논리에 의해 공단 폐쇄는 당연한 것이고 잘한 것이라고 말하는 사람들이 있다. 그러나 그 이상의 가치가 있다고 생각하는 사람도 많다. 그래서 여러 가지 문제가 있지만 개성공단이 지금까지 유지되어 온 것이다.

개성공단은 남북화해의 상징적인 장소이다. 남북대화의 마지막 창구다. 더 나아가 남북긴장의 완충지대이다. 이런 생각에 문제 제기를 하는 사람은 하나도 없을 것이다.

그러나 나는 여기에 더하여 개성공단은 통일의 연습장이요, 훈련장이라는 사실을 알리고 싶다. 어떤 이들은 북한이 빨리 붕괴되어 통일을 했으면 좋겠다고 말한다. 우리가 그토록 바라던 통일이 빨리 이루어진다는데 반대할 사람이 어디 있겠는가? 그러나 그런 갑작스런 통일을 이야기하는 사람들에게 묻고 싶다. "그로 인하여 발생하는 문제와 혼란을 당신이 책임질 수 있는가?" 이는 어리석고도 위험한 발상이다. 그것은 통일비용이니 하는 경제적인 문제가 아니다. 70년 동안이나 형성된 체질의 문제를 이야기 하는 것이다.

개성공단에서 11년 동안 지내면서 뼈저리게 깨닫게 된 것은 북한 사람들은 '가까이 하기에는 너무나 먼 당신들' 이라는 사실이다. 오랜 세월 서로 체제와 생활양식이 다른 곳에서 살다가 함께 한다는 것이 그리 쉽지 않은 것을 경험했다. 어떤 남한 근로자가 "통일이라고요? 여기서 잠깐 같이 사는 것도 힘들어 죽겠는데 영원히 같이 산다고요?" 라고 말하는 것을 들은 적이 있다. 이것이 현실이다. 통일은 꿈이 아니라 현실이라는데 문제가 있는 것이다. 같은 체제 속에서 오랜 세월 같이 살아온 동과 서도 하나 되지 못하고 갈등하고 있다. 무엇보다 북한 이탈주민들의 정착하는 모습 속에서 우리는 갑작스런 통일이 가져올 후유증을 예견할 수 있다. 많은 탈북자들이 이 땅에서 너무나도 이질적인 존재로 어렵게 살아가고 있다. 객관적인 수치로 정확하게 말할 수 있는 것은 아니지만 북한 이탈주민들이 남한에 제대로 정착하는 성공률이 극소수라는 주장이 있다. 지금 3만 명도 안 되는 사람들이 내려왔는데도 많은 문제가 드러나고 있다. 하물며 대량 유입이 될 때의 혼란은 누구도 감히 예측할 수 없는 것이다. 그래서 북한 이탈주민들이 바로 들어오면 안 되고 몽고 같은 제 3국에서 정착훈련과 연습을 하고 들어와야 한다고 주장하는 사람들도 있다. 일리가 있는 주장이라고 생각한다. 아무튼 이것은 통일이 얼마나 어려운 일인가를 여실히 보여 주고 있는 것이다. 그리고 통일에는 반드시 연습과 훈련이 필요하다는 엄연한 사실을 교훈하고 있는 것이다.

중국을 보라. 홍콩을 영국으로부터 반환 받은 뒤 바로 통합하지 않고 50년 특별자치구역으로 선포하였다. 99년 동안 벌어진 차이를 극복하는 연습과 훈련이 필요하다는 사실을 알았기 때문이다. 참 지혜로운 조치라고 생각한다. 남북 분단 70년은 그리 짧은 세월이 아니다. 그동안 벌어졌던 격차가 좁혀지려면 분단된 시간 그 이상이 걸릴 수도 있다는 것을 알아야 한다. 그런 면에서 개성공단은 통일의 연습장이요, 훈련장이었다. 그래서 개성공단이 다시 열려야 하는 것이다. 그리고 그러한 연습장과 훈련장이 더 많이 만들어져야 한다. 진정으로 통일을 원하고 있다면 그렇게 해야 한다.

또한 개성공단은 그 존재만으로도 그 누구도, 그 무엇도 할 수 없는 일을 해왔다. 그것은 북한 사람들에게 민주주의와 자본주의의 우

TIP : 북한 이탈주민 수는 2014년 6월말 기준으로 24,671명을 기록하고 있다. 현재, 북한 이탈주민을 바라보는 한국사회의 시각은 적대적이지는 않으나, 무관심거나 어느 정도 거리를 두고자 하는 심리도 있어 북한 이탈주민을 지역사회구성원이라고 인식하지 못하고 있는 실정이다. 북한 이탈주민의 성공적인 정착을 위해서는 이들도 우리와 같은 한국인이자 지역공동체의 당당한 일원이라고 인식해야한다. 그러나 한국사회는 여전히 북한 이탈주민을 우리와 다른 계층이나 집단으로 여기는 경향이 있다.

[출처 : 경기연구원 '북한이탈주민 정착의 문제점과 과제']

월성을 교육해 왔다는 사실이다. 누구도 말한 적이 없다. 가르친 적도 없다. 그러나 공단 자체가 말하고 가르쳤다. 공장 시설이 그리고 정전이 없는 전기불이 남한이 너희 보다 잘 산다고 외치고 있었다. 남한 근로자들의 옷차림과 타고간 자동차 그리고 무엇보다 자유로운 삶을 보면서 저들의 마음이 무너지기 시작했다. 개성 시 전역에 날리는 초코파이 봉지를 보면서 개성 시민들도 마음이 흔들렸을 것이다. 개성공단에서 일하는 사람들이 가끔 전해주는 남한 기업과 사람들의 소식에 머리가 복잡해 졌을 것이다. 그래서 여기저기 무너지는 소리가 들린다.

북한 여성동무가 가치관의 혼란 때문에 고민했다. 그녀는 혁명열사의 자손이라고 한다. 당성이 강한 집안의 딸이다. 남한 사람들이 특별히 그 동무에게 잘해 주었다. 그 동무 역시 남한 사람들을 반갑게 대하고 대화에 잘 응하였다. 그래서 가끔 달러를 선물로 주는 사람도 있었다. 그러다 보니 머리가 복잡해 졌다. "돈 많이 버는 남자와 결혼하고 싶다. 절이라도 있으면 들어가고 싶은 심정이다"라고 말할 정도가 되었다. 그러니 동료가 고발을 하였다. 결국 그녀는 평양까지 불려가 열흘간 강도 높은 조사를 받고 사상적인 무장이 되지 않아 자본주의에 물들었다고 숙청당했다.

북한 근로자가 물었다. "선생님도 자동차가 있습니까? 왜 한민족인데 이렇게 다릅니까? 나는 자전거도 없습니다." 지금까지는 미제 놈들에게 빌붙어 아양 떨며 빌어먹는 거지들이라고 믿어 왔던 남한 사람들을 보면서 잘못 알고 있었다는 사실에 충격을 받은 것이다.

개성공단이 존재한 것만으로도 이와 같은 엄청난 일을 해왔다. 그러므로 개성공단이 다시 활짝 열리기를 간절히 소망하는 것이다.

무엇보다도 개성공단이 열리기를 바라는 가장 중요한 이유는 개성교회 때문이다. 개성교회는 북한 선교의 교두보요 전진기지이다. 지금 당장은 개성교회가 할 수 있는 일은 제한되어 있다. 나는 개성교회가 트로이 목마라고 생각하고 있다. 지금은 할 수 있는 것이 매우 작다. 그러나 결정적인 순간에 하나님이 기회의 문을 열어 주시면 북한 선교의 첨병이요 특공대인 개성교우들이 크게 함성을 지르며 나갈 것이다. 어두움의 세력을 물리칠 것이다. 그리고 그곳에 하나님의 나라를 우뚝 세울 것이다. 그런데 트로이 목마는 아직 그곳에 있는데 그 안에 있던 믿음의 용사들은 철수를 했다. 너무 안타깝다. 그러므로 개성공단이 다시 열려야한다.

개성교회에 찬송이 울려 퍼져야한다. 말씀이 선포되어야 한다. 그리고 북한 선교가 점차적으로 은밀하게 이루어져야 한다. 하나님께서 기회의 문을 열어 주시면 담대히 복음을 전해야 한다. 주체교 사이비 종교집단이 회개하고 하나님의 백성이 되어야 한다. 남북 모두 하나님의 백성이라는 동질성이 회복되어야 한다. 그럴 때 비로소 통일의 분명한 이유가 생긴다. 그리고 통일을 이루는 역사가 시작될 것이다. 분단의 아픔을 겪고 있는 이 나라, 이 민족이 주안에서 하나 되어 얼싸안고 춤추는 그 날이 오고야 말 것이다.

어렸을 때 냇가에서 놀던 때가 기억난다. 모래로 얕은 곳을 막아놓으면 수압 때문에 약한 부분이 무너진다. 급히 막아놓으면 딴 곳이 터진다. 그러다 결국 모두가 무너지고 만다. 남북 분단의 벽도 이와 마찬가지라고 생각한다. 한때 동쪽에서는 금강산 가는 길이 터졌고, 서쪽에서는 개성 가는 길이 터졌다. 그래서 점점 군사분계선이 무너져 언젠가 모든 철조망이 없어지는 날이 올 거라고 은근히 기대했었다. 그러나 지금은 그 터진 두 곳이 다시 두터운 댐으로 막혔다.

그래서 나는 돌아 갈 수없는 탈북자와 같은 신세가 되었다. 지금 나는 새터민처럼 살고 있다. 슬프다. 너무 가슴이 아프다. 고향이 되어버린 개성을 바라보며 다시 돌아 갈 날을 간절히 소망한다. 그리고 큰 소리로 외쳐본다.

"나, 돌아갈래! 개성으로~"

개성공단에서 십일 년

초판 1쇄　　2016년 9월 22일

지은이　　_ 김주윤

펴낸이　　_ 김현태

디자인　　_ 디자인 창 (디자이너 장창호)

펴낸곳　　_ 따스한 이야기

등록　　_ No. 305-2011-000035

전화　　_ 070-8699-8765

팩스　　_ 02- 6020-8765

이메일　　_ jhyuntae512@hanmail.net

따스한 이야기 페이스북

https://www.facebook.com/touchingstorypublisher

따스한 이야기는 출판을 원하는 분들의 좋은 원고를
기다리고 있습니다.

가격 12,000원